親鸞聖人「安城御影（あんじょうのごえい）」

本書について

本書は、真宗大谷派が発行する『同朋新聞』における古田和弘氏の連載（二〇〇二年八月号～二〇〇九年二月号）を書籍化した『正信偈の教え』全三巻をまとめ、文庫化したものです。本書における「はじめに」「あとがきにかえて」は、単行本当時のものをもとに掲載しています。

本書において古田氏は、真宗門徒の朝夕のお勤めとして親しまれる「正信偈」全百二十句の言葉の意味と、そこに込められた親鸞聖人のお心を懇切丁寧に尋ねてくださっています。特に弊派において、二〇二三年に宗祖親鸞聖人御誕生八百五十年・立教開宗八百年慶讃法要をお迎えするにあたり、本書が一人でも多くの方にとって、本願念仏に出遇われた聖人の慶びと、その教えにふれるご縁となることを願っています。

最後に、文庫化に際し発行をご快諾いただきました古田和弘氏に厚く御礼申し上げます。なお、文庫化にあたり、文言の整理など、若干の編集を行いました。その編集責任は東本願寺出版にあることを申し添えます。

東本願寺出版

『顕浄土真実教行証文類（けんじょうどしんじつきょうぎょうしょうもんるい）』　愚禿釈親鸞（ぐとくしゃくしんらん）集

目次

〈凡例〉

・本文中の真宗聖典とは、東本願寺出版発行の『真宗聖典』を指します。

・「正信偈」の漢文・書き下し文の表記は『真宗聖典』に、読み方は東本願寺出版発行の『真宗大谷派勤行集』に依拠しています。

はじめに

二〇〇二年八月から、宗派の『同朋新聞』に「正信偈」についてのお話を連載させていただきました。それをこのたび冊子にしていただくことになったのであります。

「正信偈」は、日ごろ多くの人びとがお勤めに用いておられるお聖教です。「正信偈」は、親鸞聖人が、ご自分のところにまで伝え届けられた念仏の教えの伝統を、深い感銘をもって受けとめられ、そして、その感銘を味わい深い詩（偈文）によって、後の世の私たちに伝え示してくださったものなのです。

偈文というものは、普通の文章にくらべると、一句ごとに文字の数に制限があります。そのため、理論的な説明には適しているとはいえません。しかし、心の感動を直截に、しかも味わい深く伝えるのには勝れた表現となります。親鸞聖人はそのような表現の方法を選ばれたわけです。

「正信偈」は、まさに、私たちに届けられている「いのち」の歌ともいうべきものなのです。また、親鸞聖人が、間違いのない念仏の教えに出遇(であ)われた、その歓びのお気持ちを率直に表明された「歓(よろこ)び」の歌であると思います。勤行(ごんぎょう)のときに、この偈文を人びととともに声を調(ととの)えて称(とな)えるのは、この歌に表されている感動を味わいつつ、聖人が示された念仏の伝統の意味を一人ひとり感謝をもって噛みしめ、その教えの大切さを互いに確かめ合うことになるのです。私たちが何を依り処(よりどころ)に、何に歓んで生きてゆくのか、それを日々に確かめることになるのです。

私は、二〇〇一年四月から、二〇〇八年三月まで、九州大谷短期大学に勤めさせていただきました。この短期大学では、三つの学寮に、一二〇人ほどの女子学生が共同生活をしていましたが、私は、一つの学寮の一室に住まわせてもらっておりました。学寮では、毎朝七時から寮のお仏間で勤行を行います。私も参加させてもらっていましたが、寮生たちは、大きな声で元気よく「正信偈」をあげておりました。もともと「正信偈」のことなど、まったく知らずに入寮してきた新入生も、いつの間にか、「正信偈」も「和讃（わさん）」も「回向（えこう）」も、全部そらで覚えてしまっておりました。しかし、彼女たちは、ほとんどが仏教学科の学生ではありませんので、「正信偈」にはどのような教えが述べられているのか、その意味を学ぶ機会がありませんでした。そのことを私はいつも心苦しく思っておりました。他にもそのような若者たちが多数おられるわけですから、せめて「正信偈」の語句の意味だけでも、伝える方法はないものかと案じておりましたが、ちょうどそのころに、この連載のお話をいただいたのです。

また、学校以外でも、「毎日のお勤めの時に『正信偈』をあげているけれども、その意味をくわしく考えたことがありません」という言葉をしばしば聞くことがありました。あるいは、「言葉が難しくてよくわかりません」ということもよく耳にしました。なかには、「あれは呪文（じゅもん）だと思っていました」という人もおられました。そのような方々に、「正信偈」の言葉の意味と「こころ」を少しでもご報告できればありがたいと思って筆を執ってまいりました。

「正信偈」には、専門の教学者が精魂こめて研究なさって著(あらわ)された書物がいくつか出版されています。けれども、多くは、専門用語が盛んに用いられていて、素人にはとても難しく、なかなか理解が及びません。そしてそれが理解できないと、自分には親鸞聖人を仰(あお)ぐ資格がないような感じがして、とても不安になることがあります。

私は、学生として大谷大学で学び、後に教員として長らく勤めさせていただいた者でありますが、「正信偈」を専門的に研究してきた者ではありません。けれども、「正信偈」のお育てにあずかってこられた先人のご教示を仰ぎながら、私なりに、できるだけわかりやすくお話をすすめるよう心がけました。しかしながら、親鸞聖人のお心についても、先人のご教示についても、私の理解の誤りや足らざるところが多々あることかと恐れています。このため、このたび冊子にしていただくについては、ためらいがありましたが、ご指示にしたがうことにいたしました。ご叱正(しっせい)たまわれば幸いに存じます。

『同朋新聞』の連載中、せっかくだから現代語和訳をつけるべきであるというご意見が、読者の方々から多く東本願寺出版（出版部）に寄せられたと聞きました。それで、このたび冊子に改めるに際して、和訳をつけるよう、ご指示をいただきました。これにもためらいがありました。お聖教は、知的な理解に満足するべきものではなく、何度も反復して触れることによって、体全体でいただくものだと思うからです。また、小賢（こざか）しく安直な和訳を施（ほどこ）すことによって、親鸞聖人の高潔な格調を損なうばかりではなく、聖人のお心の曲解を流布（るふ）させて、それこそ謗法（ほうぼう）に陥（おちい）る恐れがあるからです。

　けれども、やはり、若者たちの戸惑いや、今までご縁のなかった方々の困惑に思いを向けますと、私なりの義務のようなものを感じます。現代語和訳というほどのものではなく、あえて私の言葉で言い直させてもらうとどうなるのか、それをお示しすることにいたしました。これを批判的に踏み台にしていただき、先人がたの業績に学んでいただいて、聖人のお心に触れていただければ幸いに存じます。

古田　和弘

爾者帰大聖真言閲大祖解釈

信知仏恩深遠作正信念仏偈曰、

書下し

しかれば大聖の真言に帰し、大祖の解釈に閲して、仏恩の深遠なるを信知して、正信念仏偈を作りて曰わく、

意訳

（私、親鸞は）、釈尊の真実のお言葉に従い、また七高僧のご解釈を拝見して、阿弥陀仏のご恩の深く遠いことを知らせていただいて、ここに、正しく念仏を信ずる偈を作って、（以下の通りに）申し上げるのです。

偈前の文

私たちは日ごろ、朝夕のお勤めに用いる勤行本によって「正信偈」に接していますが、それはもともと、親鸞聖人が著された『教行信証』に収められているものです。『教行信証』というのは、親鸞聖人の代表的なご著作です。聖人は、このご著作によって、浄土の教えが「真実」であることを顕かにされたのです。その意味で、真宗の教えの根本となる聖教であるわけです。『教行信証』は六巻からなる大著ですが、その第二番目、「行巻」の末尾に「正信偈」が添えられているのです（真宗聖典204～208頁）。

「正信偈」は、くわしくは「正信念仏偈」といいますが、それは、「念仏の教えを正しく信ずるための道理を述べた偈」というほどの意味です。漢文で書かれた詩で、七文字を一句とし、百二十句、六十行からなっています。

親鸞聖人は、『教行信証』に「正信偈」を掲げられるに先だって、まず「正信偈」をお作りになった、そのお気持ちを、「しかれば大聖の真言に帰し、大祖の解釈に閲して、仏恩の深遠なるを信知して、正信念仏偈を作りて曰わく」（真宗聖典203頁）と述べておられます。

「大聖の真言に帰し」とあるのは、釈尊が説かれた真のお言葉を依り処とする、ということです。釈尊は、『仏説無量寿経』というお経をお説きになりました。そしてこのお経のなかで、阿弥陀如来がすべての人を救いたいと願われた、いわゆる弥陀の本願のことを教えられたのです。それが大聖の真言、つまり釈尊の真のお言葉ということなのです。親鸞聖人は、「正信偈」を作るにあたって、この『仏説無量寿経』の教えを依り処とされたというわけです。

次の「大祖の解釈に閲して」というのは、インド・中国・日本の三国に出られた七人の高僧が、『仏説無量寿経』の教えを正しく受けとめられた、そのご解釈を手がかりにする、ということです。親鸞聖人は、『仏説無量寿経』についてのご自分の見解を主張しようとされたのではなく、三国の七高僧のご教示を仰がれたのです。

親鸞聖人は、ご自身を見つめるのに大変厳しい眼をおもちでありました。ご自身を、愚かで罪深い凡夫であると見究めておられたのです。実は、そのような凡夫を何としても助けたいというのが、『仏説無量寿経』に説き示されている阿弥陀如来の本願なのです。親鸞聖人は、このような『仏説無量寿経』の教えを依り処とし、また、このお経の教えについての大先輩がたのご解釈によって、釈迦牟尼仏（釈尊）と阿弥陀仏の恩徳がまことに深いことを信じさせていただき、知らせてもらったことを喜んでおられるのです。そのことを「仏恩の深遠なるを信知して」といっておられるのです。そして、自ら信ずるとともに、人にも教えて仏の恩の深いことを信じさせるために、「正信偈」をお作りになったのです。

「正信偈」は、全体を大きく二つの部分に分けて見られています。その一つは、「依経段」といわれていますが、これが、先ほどの「大聖の真言」に当たる部分です。すなわち、仏の大悲が説かれている『仏説無量寿経』の要となる教えについて讃嘆してある部分です。いま一つは「依釈段」といわれますが、これは「大祖の解釈」に当たるところで、七高僧お一人お一人の教えを紹介し、それぞれの高僧の徳を讃えてある部分です。

私たちが、日々のお勤めの時に「正信偈」をあげ、またこうして「正信偈」の「こころ」に触れようとするのは、愚かで、情けない生き方しかできていない者が、親鸞聖人のお勧めの通りに、「大聖の真言」と「大祖の解釈」を讃嘆し、その恩徳に感謝することになるのです。

帰命無量寿如来

南無不可思議光

読み方

きみょうむりょうじゅにょらい

なむふかしぎこう

書下し

無量寿如来に帰命し、
不可思議光に南無したてまつる。

意訳

無量寿如来（阿弥陀仏）に信順いたします。
不可思議光（阿弥陀仏）に信順いたします。

生きる依り処

「帰命無量寿如来」。この句から「正信偈」ははじまります。

この句と、次の「南無不可思議光」の二句は、「総讃」あるいは「帰敬」といわれているところです。阿弥陀如来に順い、阿弥陀如来を敬うという、親鸞聖人のお心が述べられている部分です。聖人は、「正信偈」を作って、仏の恩徳を讃嘆し、仏の教えを承け伝えられた七高僧の恩徳を讃えようとされるのですが、それに先だって、阿弥陀如来へのご自身の信仰を表明されているわけです。

「帰命」という言葉と、次の句の「南無」とは同じ意味です。「帰命」は、「ナマス」というインドの言葉を中国の言葉に訳したものです。ご承知の通り、仏教はインドに起こりましたので、お経はすべて、インドのサンスクリット語（梵語ともいいます）という言葉によって中国に伝えられました。そしてこれが中国語に翻訳されたのですが、ある時は「ナマス」の意味を中国の言葉に置き換えて「帰命」と訳し、またある時は、意味を訳さないで、インドの言葉の発音を漢字に写し換えて、「南無」という字を当てはめたのです。どちらも、「依り処として、敬い信じて順います」というほどの気持ちを表しているのです。ここでは、一つの信順の思いを二つの言葉に分けて表現してあるわけです。

また、「無量寿如来」も「不可思議光」も、どちらも阿弥陀仏のことです。「如来」の「如」は「真実」という意味です。「真実」を覚（さと）られたのが仏ですが、仏は覚りに留まることなく、「真実」に気づかない「迷い」の状態にある私たちに、「真実」を知らせようと、はたらきかけて来てくださっているのです。その「はたらき」を「如」（真実）から「来」てくださった方というのです。言い方を換えると、姿や形のない「真実」は、いつでも、どこでも、はたらいていますが、私たちの日常の生活を包んでいる、その「はたらき」を、理屈にたよろうとする私たちにもわかるように「如来」という言い方で表してあるのです。

「無量寿」とは、量のない寿命ということです。つまり、数量と関係のない寿命、はじめもなく、終わりもない寿命です。

『仏説無量寿経』というお経には、阿弥陀仏がまだ仏に成られる前のことが説かれています。その時は、法蔵という名の菩薩であられたのですが、この菩薩は、仏に成る前に四十八の願いを発されました。そしてその願いがすべて実現したので、阿弥陀仏に成られたと説かれているのです。その四十八願の第十三の願は「寿命無量の願」といわれるもので、「私が仏に成るとしても、寿命に限量（かぎり）があるならば、私は仏には成らない」という誓願であったのです（真宗聖典17頁）。その誓願が成し遂げられて仏に成られた阿弥陀仏の寿命は無量なのです。過去と現在と未来にわたって、いつも悩み苦しむ人びとがいます。それらの人びとをすべて救いたいと願われる阿弥陀仏は、寿命が無量なのです。そのように時間を超えてはたらく阿弥陀仏の限りない慈悲が、今私たちにはたらいていると教えられているわけです。

「不可思議光」の「光」は、阿弥陀仏の智慧の輝き、何ものをも照らし出す智慧の「はたらき」をいいます。「思議」とは、心に思ったり、言葉で話したりすることですが、それが「不可」（できない）とされているのです。私たちがどのように思考を尽くそうとも、また言葉をどのように尽くそうとも、それによっては捉えきれない、それらを超えた智慧のはたらきが「不可思議光」といわれているわけです。『仏説無量寿経』の四十八願の第十二願が「光明無量の願」といわれていますが、「私が仏に成るとしても、光明に限量があって、あらゆる世界を照らし出さないのであれば、私は仏には成らない」と誓われたのです（同前）。その誓いが実現したわけですが、それは、阿弥陀仏の智慧の「はたらき」が、空間の限度を超えたものであることを表しているのです。

いただいている名号

「帰命」と「南無」とは同じ意味で、ともに「敬い信じて順う」ということでありました。また「無量寿如来」と「不可思議光」とは、いずれも「阿弥陀仏」のことであって、「無量寿如来」は阿弥陀仏の「慈悲」を、「不可思議光」

は阿弥陀仏の「智慧」を、それぞれ表しているということも申し述べました。

　そうしますと、「帰命無量寿如来」（無量寿如来に帰命し）ということ、そして「南無不可思議光」（不可思議光に南無したてまつる）ということは、結局、「南無阿弥陀仏」（阿弥陀仏に南無したてまつる）ということと同じことになるわけです。「阿弥陀仏を敬い信じて、その教えに順います」という念仏の心が、三つの言い方で表されていることになります。

　ところが、ここに一つ、大切なことがあります。「念仏」という場合、それは阿弥陀仏のお名前、つまり名号を称えることなのですが、その名号は、実は「阿弥陀仏」だけをいうのではないのです。「南無」を含めて、「南無阿弥陀仏」の全体が名号であると親鸞聖人は教えておられるのです。「南無阿弥陀仏」という名号を称えることが、称名の念仏となるのです。同様に、「無量寿如来」「不可思議光」だけを名号というのではなくて、「帰命無量寿如来」また「南無不可思議光」の全体が私たちに与えられている阿弥陀仏のお名前であるというわけです。

阿弥陀仏に帰命するといいますが、それは、自分が自分の思いで帰命するかどうかを決めるのではないのです。私どもの思いは決して純粋ではありません。清らかではないのです。常に「自分の都合」が付きまといます。「自分の都合」による念仏は、自分のことを念じているだけであって、仏を念じたことにはならないのです。

自我にこだわり続け、その結果として、悩み苦しむことになるのが、私たちの現実です。そのような、まともな念仏のできない者に代わって、阿弥陀仏のほうが念仏してくださって、その清らかな念仏を、信心（しんじん）というかたちで、私たちに回向されているのです。「回向」とは、「振り向ける」という意味です。阿弥陀仏の慈悲が原因となり、その原因によって起こるよい結果だけが、私たちに振り向けられていることになるのです。

そのような慈悲の「はたらき」に素直に感謝し、「南無阿弥陀仏」「帰命無量寿如来」「南無不可思議光」という名号を、私たちに差し向けられた信心として受けとめるというのが、親鸞聖人の念仏の教えなのです。よく「念仏をいただく」といわれますが、それは、この教えによるのです。

この教えによりますと、「帰命無量寿如来」という名号は、量り知れない私の「いのち」の源が、私自身のあり方を呼び覚まそうとしている、その「よびかけ」であることに気づかされるのです。また「南無不可思議光」という、思慮を超えた「智慧」の「はたらき」が、私の人生の道理を明らかにし、現に道理に包まれて生きている私自身を照らし出していることを思い知らせているのです。それらのことに気づかされ、思い知らされる時、称える念仏は、苦悩する私を救おうとする「よびかけ」と「はたらき」に対する感謝の念仏となるのです。

「帰命無量寿如来」「南無不可思議光」が名号であると教えられていますが、そうすると、親鸞聖人が、「正信偈」の冒頭に、「無量寿如来に帰命し」「不可思議光に南無したてまつる」と述べておられるのは、一見、奇異に見えます。

しかしそれは、凡夫の代わりに念仏してくださる阿弥陀仏、そして「南無阿弥陀仏」という名号を差し向けてくださっている阿弥陀仏、すなわち無量寿如来・不可思議光を、心から敬い信じて、その慈悲に順うお気持ちを率直に表しておられるのであると、私どもには拝察されるのです。

法蔵菩薩ノ因位ノ時

在テ二世自在王仏ノ所ミモトニ一

読み方

ほうぞうぼさいんにじ

ざいせじざいおうぶっしょ

書下し

法蔵菩薩(ほうぞうぼさつ)の因位(いんに)の時(とき)、
世自在王仏(せじざいおうぶつ)の所(みもと)にましまして、

意訳

法蔵菩薩が仏になられる前の地位におられたとき、
世自在王仏の所で教えを受けておられて、

法蔵菩薩

この二句から後、しばらく、阿弥陀仏が仏に成られる前、法蔵という名の菩薩であられた時のことが述べられます。

はじめに少し「正信偈」の段落について触れておこうと思います。（430頁「「正信偈」の構成」参照）「正信偈」は、大きく三つの段落に分けられます。親鸞聖人ご自身がこれらの段落をお決めになられたのではなく、「正信偈」の教えを学びやすくするために、のちの世に工夫されたものです。第一の段落は「総讃」、第二が「依経段」、第三が「依釈段」といわれているものです。

第一の「総讃（帰敬）」は「正信偈」の冒頭の「帰命無量寿如来　南無不可思議光」という二行がその段落です。ここには、阿弥陀仏が願われていることをしっかりと受けとめられた親鸞聖人のお心が簡明に述べられていました。

第二の「依経段」は、「法蔵菩薩因位時」からの四十二句がこれにあたり、親鸞聖人が、お経にもとづいて阿弥陀如来の本願のことを讃えておられる部分です。そして第三の「依釈段」は、四十三句目の「印度西天之論家(いんどさいてんしろんげ)」から後の部分で、インド・中国・日本に出られた七人の高僧、お一人お一人がお示しになった本願についてのご解釈の要点を掲げて讃嘆しておられるところです。

第二の「依経段」のうち、「法蔵菩薩因位時」から「必至滅度願成就(ひっしめつどがんじょうじゅ)」までの十八句は「弥陀章(みだしょう)」と呼ばれ、ここに阿弥陀如来の誓いと願いのことが述べられているのです。そして、次の「如来所以興出世(にょらいしょいこうしゅっせ)」から三十八句目の「是人名分陀利華(ぜにんみょうふんだりけ)」までを「釈迦章(しゃかしょう)」といい、釈尊がこの世間に出られた意味が明らかにされているのです。その後の「弥陀仏本願念仏(みだぶほんがんねんぶ)」から四十二句目の「難中之難無過斯(なんちゅうしなんむかし)」までの四句は、「依経段」の結びとなる「結誡(けっかい)」といわれている部分です。

これからしばらく、「依経段」の「弥陀章」について学ぶことになるわけです。

さて、「法蔵菩薩」についてですが、「菩薩」というのは、人びとを導き、救うために仏に成ろうとしておられる人のことです。つまり、仏に成られる前の段階をいいます。世間の無数の人びとは、真実に気づかず、自我にこだわっています。そのために、迷いを重ね、誤った生き方をしながら、それが正しいと思い込んでいます。その結果、人びとは悩み苦しまなければならないのです。菩薩は、みずから早く覚りを得て仏に成って、そのように悩み苦しまなければならない、すべての人びとを救いたいと願われるのです。

菩薩がこのような広大な願いをもって、仏に成るための修行をしておられる段階を「因位（いんに）」といいます。そして、「因位」の時の菩薩の行（ぎょう）が完成し、願いがかなえられて仏に成られた、その仏としての地位を「果位（かい）」というのです。

もともと、「菩薩」というのは、仏に成られるまでの釈尊のことだったのです。釈尊の教導を受けた人びとは、釈尊がたまたま仏に成られて、自分たちを導いてくださったのだとは、受けとめませんでした。そうではなくて、まず自分たちを導いてやりたいという願いを懐（いだ）いてくださって、その願いを実現させるために、途方もない辛苦（しんく）の末に、仏に成ってくださったのだと受けとめたのです。そして、その恩徳に感謝の誠を尽くしたのです。やがて、そのような、人類を救いたいという願いが、仏教の根本精神として確かめられ、「菩薩」の思想は大きく発展して、釈尊お一人に限ることはなくなったのです。

『仏説無量寿経』によりますと、遠い遠い昔、阿弥陀仏が仏に成られる前、法蔵という名の菩薩であられた時、ひたすら、人びとを救いたいという願いから、「世自在王仏」という名の仏に仕えて教えをお受けになられた、と説かれています。法蔵菩薩も、たまたま阿弥陀仏に成られたのではなくて、過去と現在と未来の人びとを救いたいと願われ、菩薩としての行を尽くして、阿弥陀仏に成ってくださったというわけです。

『歎異抄』に、「弥陀の五劫思惟の願をよくよく案ずれば、ひとえに親鸞一人がためなりけり」という親鸞聖人のお言葉が伝えられています（真宗聖典640頁）。「阿弥陀仏が菩薩であられた時、五劫という途方もなく永い時間をかけて考え抜いた末、発してくださった本願のことを、つらつら考えてみると、それは実は、私（親鸞）一人をたすけようとしてくださった願いとしか思えない」と、聖人はしみじみと述べておられるのです。

なお、「法蔵」は、仏法を蔵めているという意味、「世自在王」とは、智慧と慈悲をそなえた王のように世間を自由自在に救うという意味です。また、偈文の「在」を親鸞聖人は「在して」と読んでおられるのです。

法蔵菩薩の願い

『仏説無量寿経』には、釈尊が、阿難という仏弟子に語って聞かせるというかたちで、法蔵菩薩のことがくわしく紹介されています。そして広く人類を救いたいという願いを発された菩薩の徳が讃えられるのです（真宗聖典6頁〜）。そのあらましは、次の通りです。

ある日、阿難尊者がお見受けしたところ、釈尊は、いつになくすがすがしいご様子で、歓びにあふれて、輝いておられるように思われたのです。そこで、阿難尊者は、そのわけをお尋ねしたのです。すると釈尊はお告げになりました。「きみは、とてもよいことを尋ねた。私がこの世に出現したのは、教えを説いて人びとを救い、真実の利益を与えるためなのだ。私が歓びにあふれているのは、人びとに真実の利益を明らかにする時がきたからなのだ」と。そして、法蔵菩薩のことをお説きになられたのです。

遠い遠い昔の、そのまた遠い遠い昔、世自在王仏という仏がおられました。その時、一人の国王がおられました。王は、その仏の教えをお聞きして、心からの歓びを懐かれたのです。そして、自分も仏に成って、世の人びとを悩みや苦しみから救いたいと願うようになられたのです。王は、国を棄て、王位を捨て、世自在王仏のもとで出家して修行者となり、法蔵と名告られました。これが法蔵菩薩です。

法蔵菩薩は、諸仏の浄土がどのようにしてできたのか、それを教えていただきたいと、世自在王仏に願い出られました。そして、自分も、教えの通りに修行して浄土を建立したいという決意を述べられたのです。世自在王仏は、菩薩の熱心な願いに応じて、二百十億という、ありとあらゆる仏の浄土の成り立ちと、それらの浄土にいる人びとのありさまをつぶさにお示しになったのです。

法蔵菩薩は、それらの浄土のありさまを拝見された後、五劫（ごこう）という途方もなく永い期間にわたって思惟（しゆい）を重ねられ、この上にない勝（すぐ）れた願いを発（おこ）されたのです。すなわち、仏に成って理想の浄土を実現するための願いを発されたのです。それが四十八項目からなる本願なのです。

この本願の第十八の願では、自分が仏に成るとしても、自分が実現する浄土に、一切の人びとが心から生まれたいと願って、もし人びとが往生できないのであれば、自分は仏には成らないと誓われたのです。

さらに、『仏説無量寿経』には、次のようなことも説かれています。阿難尊者は、釈尊にお尋ねするのです。「法蔵菩薩は、すでに仏に成っておられるのでしょうか、それとも、まだ仏に成っておられないのでしょうか」と。すると、釈尊はお答えになりました。「もうすでに仏に成っておられる。今現に、西方の、ここから十万億の世界を越えた安楽浄土におられるのだ」と。つまり、法蔵菩薩の四十八願はすべて成就されて、阿弥陀仏に成られたということです。ついで、阿難尊者が「法蔵菩薩が阿弥陀仏に成られてから、もうどれほどの時が過ぎたのでしょうか」とお尋ねすると、釈尊は、「おおよそ十劫の時が経過しているのだ」と、教えられたのです。

このお話のなかに、「五劫」「十劫」という言葉がありましたが、「劫」は、時間の永さです。これには諸説が伝えられていますが、有名なのは次のような話です。

横幅四十里、高さも四十里、奥行も四十里という大きな岩石があったとして（もちろん富士山よりも大きい）、その岩のそばを羽衣を身にまとった天女が百年（あるいは千年）に一度通りかかるのです。すると羽衣の袖がサッと岩に触れるのです。これを何度も何度も繰り返すと、岩が磨り減ります。この岩石が完全に摩滅してしまうのに要する時間よりも、さらに永い時間を一劫というのです。十劫はその十倍です。このような、とてつもなく永い時間のことがいわれるのは、数量では捉えきれない質の深さを表そうとするからです。仏の慈悲の深さが、はじまりと終わりを考える必要のないものであることを教えようとしていると思われるのです。

覩見諸仏浄土因
国土人天之善悪

読み方

とけんしょぶじょうどいん
こくどにんでんしぜんまく

書下し

諸仏の浄土の因、
国土人天の善悪を覩見して、

意訳

あらゆる仏の浄土の成り立ちと、
諸仏の国々の人々の善し悪しのありさまを見定めた上で、

諸仏の浄土

「正信偈」のこの句には、法蔵菩薩が、諸仏の浄土の成り立ち、そして、それぞれの浄土のありさまの違い、さらに、それらの浄土に生きる人びとの善し悪しの差をはっきりと見究(みきわ)められた、ということが詠(うた)われています。

『仏説無量寿経』によりますと、法蔵菩薩は世自在王仏(せじざいおうぶつ)の教化(きょうけ)に出遇(であ)われて、自らも仏に成ってすべての人びとを救いたいという大きな願いを発(おこ)されたのでした。もと、一人の国王であった法蔵菩薩が、かけがえのない大切な出遇いを経験されたのです。真実に出遇われたのです。このことは、真実の教えとの出遇い、真実の教えを知らせてくださる人との出遇いの大切さを私たちに教えていると思われるのです。

法蔵菩薩は教えを請い求められました。「十方におられる仏さまがたは、それぞれどのようにして浄土を実現なさったのでしょうか。そのことをお教えください。私はそれを承(うけたまわ)って、み教えの通りに修行いたします。そして、私も浄土を実現して、悩み苦しむ人びとを救いたいと存じます」と。世自在王仏は、法蔵菩薩のこの深い願いをお聞き入れになりました。そして、二百十億の諸仏の浄土のありさまと、それらの浄土に生きる人びとの様子をお示しになったのです。

浄土というのは、雑りもののない清浄な国土ということで、仏によって浄められた世界です。私たちが常にこだわっているような、自分中心という愚かで汚れた思いが一切はたらかない世界なのです。

ところで、ここに「諸仏」という言葉が用いられています。「真実」に目覚めて仏に成られたお方といえば、私たちが人類の歴史の上で知っているのは、今から二千五百年ほど前にインドに出られた釈尊お一人です。そのようにだけ考えることを「一仏」の思想といいます。

しかし、釈尊がお覚りになられた「真実」は、釈尊お一人のものではないのです。私たちにはわからないだけで、釈尊の他にも「真実」を覚られた方がおられるかもしれません。そう考えたとしても、決して間違いとはいえないのです。「真実」という以上、それは、時間と空間を超えて、いつでも、どこでも、「真実」であるはずだからです。「真実」は、いつでも、どこにでも、ゆきわたっているはずです。むしろ「真実」が、たまたま釈尊というお姿をとってこの世界に現れ、はたらき出したと考えることもできるのです。そうすると、過去と現在と未来の三世（さんぜ）にわたって、また十方（あらゆる方角）に恒河沙（ごうがしゃ）（ガンジス河にある砂粒の数）ほどの多くの仏がおられるということにもなるのです。このように見ることを「多仏」の思想といいますが、これは「大乗（だいじょう）」といわれる仏教の見方です。

私たちは、『仏説無量寿経』に説かれている釈尊の教えを通して、世自在王仏や阿弥陀仏のことを知らせていただいているわけです。そして、そのお経のなかに、世自在王仏が、阿弥陀仏に成られる前の法蔵菩薩に対して、無数におられる仏のうち、二百十億の仏の浄土の成り立ちと、それらの浄土のありさまとをお示しになったと説かれているのです。

法蔵菩薩は、世自在王仏がお示しになった多くの仏の浄土と、それらの浄土に生きる人びとのことについて、みなことごとく覩見されました。すなわち、それらをはっきりと見究められたのでした。そしてその上で、法蔵菩薩は、他の仏の浄土とは違った浄土を実現したいという、この上にない、殊のほか勝れた願いを発されたのです。殊のほか勝れた願いというのは、真実に無知でありながら、教えに背を向けている凡夫、いわば、どうにもならない凡夫をこそ、迎え入れる浄土を実現したいという願いであったのです。法蔵菩薩は早く仏に成ろうとしておられましたが、もし、その願いを成就させることができないのであれば、むしろ自分は仏には成らないとまで誓われたのです。

建二立シ無上殊勝ノ願ヲ一

超二発セリ希有ノ大弘誓ヲ一

読み方

こんりゅうむじょうしゅしょうがん

ちょうほっけうだいぐぜい

書下し

無上殊勝(むじょうしゅしょう)の願(がん)を建立(こんりゅう)し、
希有(けう)の大弘誓(だいぐぜい)を超発(ちょうほつ)せり。

意訳

この上にないすぐれた願いを立てられ、
かつてない大いなる誓いを発(おこ)された。

この上にない勝(すぐ)れた願い

この句には、法蔵菩薩が殊(こと)のほか勝れた願いを発(おこ)されたことが述べられています。その願いは、実は、私たちにとってとても大切な願いなのです。

『仏説無量寿経』によりますと、世自在王という名の仏が法蔵菩薩の願いを聞き入れられ、あらゆる方角におられる多くの仏さまがたの浄土の成り立ちをお示しになったと説かれています。菩薩は、示されたそれらの浄土の様子、そしてそれぞれの浄土の人びとのありさまをくまなく見届けられたのです。それについては、前項で申し述べた通りです。

諸仏の浄土を見届けた上で、法蔵菩薩は、無上殊勝(むじょうしゅしょう)の願(がん)、つまり、この上にない、殊のほか勝れた願いを立てられました。それは、他の諸仏が浄土を建設しようとされた時のお気持ちとは違った、法蔵菩薩だけの志願であったのです。浄土に往生できていないすべての人びとを救いたいという願いでありました。

『仏説無量寿経』に「無上殊勝の願を超発せり」（真宗聖典14頁）と説かれているところを、親鸞聖人は、「無上殊勝の願を建立し、希有の大弘誓を超発せり」とくわしく言い換えておられます。希有というのは、希に有るということ、つまり希にしかないこと、という意味です。法蔵菩薩は、他に例のない大きく広い誓いを発されたということです。ここで誓いといわれているのは、「無上殊勝の願」を願いのままで終わらせることなく、その願いを必ず実現させることを誓われたということなのです。しかも、超発といわれているのは、他の仏より超えて勝れた誓願を発されたということです。この誓願が、実は『仏説無量寿経』に明らかにされている四十八願なのです（真宗聖典15～24頁）。

四十八からなる法蔵菩薩の願いのなかで、もっとも注目されてきたのが、第十八の願です。その願文は、「たとい我、仏を得んに、十方衆生、心を至し信楽して我が国に生まれんと欲うて、乃至十念せん。もし生まれずは、正覚を取らじ。唯五逆と正法を誹謗せんをば除く」（真宗聖典18頁）というものです。これは「至心信楽の願」、もしくは「念仏往生の願」（真宗聖典973頁）といわれている本願です。

法蔵菩薩は、世自在王仏の前で願いを発され、そして誓いを述べられました。「たとえ私が仏に成ることができるとしましても、十方のあらゆる人びとが、心を尽くして、私の浄土に生まれることを信じて楽い、念仏したとしまして、もしもその人びとが浄土に生まれることができないのであれば、私はむしろ仏の覚りを得ることはないでありましょう。ただ、五つの重い逆罪を犯す者と正しい教えを謗る者だけは別です」と。心から念仏して浄土に往生することを楽う人ならば、誰でも往生させてあげたいというのが法蔵菩薩の願いなのです。

ここに、「唯…をば除く（唯除）」とあります。法蔵菩薩が誰でも往生させたいと願いながら、そこから排除される者があるように見えて、奇異に感じられます。しかし、この文は「抑止の文」といわれていますように、「唯除」というのは、往生から排除することが目的なのではなくて、このような罪を犯さないようにと、あらかじめ、いましめられている慈悲に満ちた教えなのです。

なお、五つの重い逆罪とは、一般には、父を殺すこと、母を殺すこと、阿羅漢（聖者）を殺すこと、仏のお身体を傷つけ血を流させること、サンガ（教団）の調和を破って分裂させることとされています。

これらの重罪を犯した人としてよく知られているのは、古代インドのマガダ国という国の阿闍世王と、提婆達多という仏弟子です。阿闍世王は、父の頻婆娑羅王を死にいたらしめて王位を奪いました。そして頻婆娑羅王をたすけようとした母の韋提希夫人をもう少しで殺すところでした。また、仏弟子でありながら釈尊に反逆した提婆達多は、釈尊を害そうとして傷を負わせ、それをたしなめた阿羅漢である比丘尼を殺害し、仲間を引き連れてサンガから去って行ったと伝えられています。なお、この二人の救いは別のお経（『※涅槃経』）に説かれます。

※『涅槃経』については『（同朋選書40）涅槃経の教え―「わたし」とは何か―』（古田和弘著／東本願寺出版発行）をご参照ください。

五劫思惟㆓シテ之ヲ㆒摂受ス

重テ誓チカフラクハ名声聞キコエムト㆓十方ニ㆒

読み方

ごこうしゆいししょうじゅ
じゅうせいみょうしょうもんじっぽう

書下し

五劫、これを思惟して摂受す。
重ねて誓うらくは、名声十方に聞こえんと。

意訳

五劫というはるかな時をかけて思いをめぐらせてこれを確かめられた。
重ねて誓いをたてられ、ご自分の名が十方に伝わるよう願われた。

深い思い

『仏説無量寿経』によりますと、阿弥陀仏が仏に成られる前、法蔵という菩薩であられた時、世自在王という仏のもとで教えを受けておられましたが、教えを受けるなかで、菩薩は、〝浄土を建設して、悩み苦しむ人びとをすべて救いたい〟と願うようになられたのでした。そのために、他の仏の浄土の成り立ちを教えていただきたいと、世自在王仏に懇願されたのです。世自在王仏は法蔵菩薩の願いを聞き入れて、多くの仏の浄土をお示しになりました。菩薩は、諸仏の浄土とそれらの浄土に生きる人びとのありさまについて、みなことごとく見究（みきわ）められたのでした。

そしてその上で、法蔵菩薩は、他の仏の浄土とは違った浄土を実現したいという、殊（こと）のほか勝（すぐ）れた願いを発（おこ）されたのです。殊のほか勝れた願いというのは、真実に無知でありながらそれに気づかず、教えに背を向けているために悩み苦しむ凡夫、いわば、どうにもならない凡夫をこそ、迎え入れる浄土を実現したいという願いであったのです。法蔵菩薩は仏に成ろうと志しておられましたが、もし、その願いを成就させることができないのであれば、むしろ自分は仏には成らないとまで誓われたのです。

凡夫は、ものの道理がわかっていないのです。しかも、ものの道理がわかっていない、そのことも、実はわかっていないのです。それなのに、自分自身にこだわって、自分はわかっていると思い、わかっていると思っていることだけが道理だと思い込んでいます。このような凡夫が浄土に生まれるなどということは、通常はあり得ないことです。浄土というのは、自分にこだわって思い上がるなどという、そのような汚れがまったくない世界だからです。

法蔵菩薩は、そのように浄土に往生できるはずのない凡夫を、どのようにすれば自分が建設しようとしている浄土に導き入れることができるのか、それを深く深く思案されたのだと、『仏説無量寿経』に説かれています。そのことを親鸞聖人は「五劫思惟之」（五劫、これを思惟して）と述べておられるのです。「劫」というのは、気が遠くなるような、途方もなく永い時間です（それについては、45頁で簡単に解説を加えました）。その一劫の五倍の時間をかけて法蔵菩薩は思案されたわけです。

私たちも、時には、真剣に思案することがあります。けれども、どんなに真剣に、誠実に思案したとしても、必ず、自分とか、自分の都合とかいうものが絡んでしまいます。そのような思案とはまるで違った、純粋な思案、どうにもならない凡夫を救うための思案を深く深く重ねられたのです。その思いの深さを「五劫」という時間の長さで言い表してあるのです。つまり質の深さを量の多さによって表してあると考えることができるのです。

それほどの深い思い、大きな願いが、私ども凡夫に差し向けられているわけです。

ここであらためて、親鸞聖人のお言葉が思い起こされます。『歎異抄』によりますと、聖人は、「弥陀の五劫思惟の願をよくよく案ずれば、ひとへに親鸞一人がためなりけり」（真宗聖典640頁）と述べておられます。これほど深い願いがご自分に差し向けられていることに感動しておられるのです。「たすかるはずのない凡夫を何とかしてたすけたいというこの願いは、実は、自分に向けられているとしか思えない」といっておられるのです。ここには、ご自分を救い難（がた）い凡夫であると、真っ正直に厳しく見据えておられる聖人の眼差（まなざ）しがうかがわれるのではないでしょうか。そして、その深い自覚から法蔵菩薩の願いに触れた時の喜びを表明しておられるのではないでしょうか。

法蔵菩薩は、深い思案のすえ、たすかるはずのない凡夫をたすける手立てはこれしかないと、思い当たられたのです。そして、四十八項目からなる誓願を選び取られたのです。そのことを「摂受（しょうじゅ）」（摂（おさ）め受ける）と説かれているのです。

さらなる誓い

『仏説無量寿経』によりますと、四十八の願いを立てられた法蔵菩薩は、その願いの一つ一つの内容を師の世自在王仏に向かって申し述べられたのです。そして、この願いを何としても実現させたいと誓われたのです。さらに菩薩は、この誓いを明確にするために、世自在王仏のみもとで、重ねて偈頌(げじゅ)を説いて誓いを立てられるのです。

これが「重誓偈(じゅうせいげ)」といわれている偈です（真宗聖典25頁）。またこの偈文は、はじめに三つの大切な誓いが述べられていますので、「三誓偈」とも呼ばれています。

その第一の誓いは、「私が発した願いがすべて成就しないのであれば、私は仏に成りません」という誓いでありました。ここには、一切の人びとをたすけたいという本願を必ず実現させせようとする、法蔵菩薩の強い決意が表されています。

そして第二の誓いは、「悩み苦しむあらゆる人びとを救えないのであれば、私は仏に成りません」という誓いです。これは、いつでも、どこでも、苦悩のない人はいないので、その人びとの悩み苦しみを取り除いて、ほんとうの安らぎを与えたいという誓いなのです。

第三の誓いは、「私の名声(みょうしょう)をあらゆる処(ところ)にゆきわたらせたいが、もし私の名が聞かれないことがあるならば、私は仏に成りません」という誓いです。ここに述べられている「名声」とは、「名号」のことです。すなわち「南無阿弥陀仏」のことをいうのです。すべての人びとに「南無阿弥陀仏」を届けたいという誓いなのです。そして、「南無阿弥陀仏」を受け取らせることによって、生きていることを心の底から喜べない私たちに、真の喜びを与えたいと願っておられるのです。

親鸞聖人は、この第三の誓いをとくに大切に受けとめられて、この「正信偈」に「重ねて誓うらくは、名声十方に聞こえんと」と詠っておられるわけです。それは、この第三の誓いが、四十八願全体の中心となっていると受けとめられたからだと拝察されるのです。

さきほど、「名声」というのは「名号」のことだと申しましたが、「名号」は「お名前」ということですから、「阿弥陀仏」という四文字が名号だと考えてしまいます。しかし、実はそうではなくて、これに「南無」を加えて、「南無阿弥陀仏」の六文字が、私たちに届けられているお名前なのです。「南無」はいうのが「名号」だということになります。

　私たちには、いつも自分へのこだわりが付きまとっています。いつも自分の都合を優先させてしまいます。そのような私たちが信順するといっても、それは自分の都合のための信順ですから、まともな信順にはなりません。純粋な「南無」ではないわけです。いわば取り引きのようなものになってしまいます。そのために、そのような私を憐れんで、阿弥陀仏が、この私の都合が含まれていない「南無阿弥陀仏」を用意してくださって、その「南無阿弥陀仏」を、私が聞信する名号として届けてくださっているのです。

　こうして、親鸞聖人は、『仏説無量寿経』に説かれている釈尊の教えにもとづいて、阿弥陀如来が「南無阿弥陀仏」という名号を私たちに施し与えてくださっていることを教えておられるのです。聖人は、届けられた「南無阿弥陀仏」がご自分のところに届けられていることを深く喜ばれ、届けられた「南無阿弥陀仏」を大切に受け取られたお方であると思うのです。

普ク放ハナテ二無量無辺光
無碍無対光炎王
清浄歓喜智慧光
不断難思無称光
超日月光ヲ一照ス二塵刹ヲ一
一切ノ群生蒙ル二光照ヲ一

読み方

ふほうむりょうむへんこう
むげむたいこうえんのう
しょうじょうかんぎちえこう
ふだんなんしむしょうこう
ちょうにちがっこうしょうじんせ
いっさいぐんじょうむこうしょう

書下し

あまねく、無量(むりょう)・無辺光(むへんこう)、
無碍(むげ)・無対(むたい)・光炎王(こうえんのう)、
清浄(しょうじょう)・歓喜(かんぎ)・智慧光(ちえこう)、
不断(ふだん)・難思(なんし)・無称光(むしょうこう)、
超日月光(ちょうにちがっこう)を放(はな)って、塵刹(じんせつ)を照(て)らす。
一切(いっさい)の群生(ぐんじょう)、光照(こうしょう)を蒙(かぶ)る。

意訳

ひろく、はかり知れない光、かぎりない光、さえぎられることのない光、比べようのない光、炎のような光、清らかな光、喜びの光、智慧(ちえ)の光、途切れることのない光、考え難(がた)い光、説きつくせない光、日月を超えた光を放って、数かぎりない国々を照らしておられる。

一切の衆生(しゅじょう)はこの光の輝きを受けて照らされている。

如来の光明

ここには、阿弥陀仏の智慧の徳が十二種の光として述べられています。これは、阿弥陀仏、すなわち無量寿仏の別の呼び名として『仏説無量寿経』に述べられているものです（真宗聖典30頁）。

阿弥陀仏は、あらゆる方向にこの十二種の光を放って、塵のようにちらばっている無数の世界を照らしておられるというわけです。すなわち、阿弥陀仏の智慧には、人間のあらゆる状況を覆っている無知という闇を破って、すべてを光り輝かせる徳がそなわっているということです。

そして、一切の衆生は、この光の輝きを現に蒙っているのです。智慧のはたらきを今受けていない衆生はいないのです。

阿弥陀仏が仏に成られる前、法蔵という名の菩薩であられた時、すべての人びとを例外なく救いたいと願われて、四十八項目からなる誓願を発されたのでした。『仏説無量寿経』によりますと、法蔵菩薩は、この四十八の願いを実現するために、私どもの思慮の及ばない、はるかな時間をかけて、無量の徳行を積み重ねられたと説かれています（真宗聖典27頁）。

そして、そのような徳行が実を結んで、法蔵菩薩は仏に成られたのです。それが阿弥陀仏なのです。法蔵菩薩が阿弥陀仏に成られてから、すでに十劫という途方もなく永い時間が経過していると、『仏説無量寿経』に説かれています（真宗聖典29頁）。つまり私は、この私を救ってやりたいと願われた阿弥陀仏の願いが現にはたらいている状況のなかに生まれてきたのです。そして、その願いと、その願いによって放たれている智慧の光明の輝きに包まれ、絶えず光に照らされながら、私は今生きているのです。

さて、親鸞聖人は、『仏説無量寿経』によって、「正信偈」に、十二種の光の名を掲げておられるのですが、その最初は「無量光」です。これは、阿弥陀仏の四十八願の第十二願、すなわち「光明無量の願」によるものです。それは「たとえ、私が仏に成るとしても、私の光明の輝きに限量（かぎり）があるならば、私は仏にはならない」（真宗聖典17頁）という誓願なのです。

これについて親鸞聖人は、『和讃』に、「智慧の光明はかりなし　有量の諸相ことごとく　光暁かぶらぬものはなし　真実明に帰命せよ」（真宗聖典479頁）と詠っておられます。

阿弥陀仏の智慧の光明は、量り知ることができないものであって、限りのある私たちの現実のありさまは、すべてこの光の輝きを蒙っているのだから、真実の光明である阿弥陀仏に帰命しなさいと、教えておられるのです。

第二は、「無辺光」です。阿弥陀仏の智慧の光明は、ここから先はゆき届かないというような際はない、ということです。これを『和讃』には、「解脱の光輪きわもなし　光触かぶるものはみな　有無をはなるとのべたまう　平等覚に帰命せよ」（同前）と詠われています。

私たちを悩み苦しみから解き放つ光明のはたらきには辺際がなく、この光に触れることができるものは、みな自分がこだわっている誤った考えから離れることができるといわれているので、平等普遍の智慧をそなえられた阿弥陀仏に帰命しなさいと、教えられているのです。

第三は、「無碍光」です。何ものにも、さえぎられることがないのが阿弥陀仏の智慧の光明です。『和讃』には、「光雲無碍如虚空　一切の有碍にさわりなし　光沢かぶらぬものぞなき　難思議を帰命せよ」（同前）と詠われています。

光に満ちた雲のような阿弥陀仏の智慧は、ちょうど大空をさまたげるものがないように、何ものにもさまたげられることなく、障害と思われるどのようなものであっても、阿弥陀仏の智慧のはたらきには何の障害にもならないので、光に満ちた雲の潤いを蒙らないものはないのだから、われわれの思慮では推し量れない阿弥陀仏の徳を依り処にせよと、親鸞聖人は教えておられるのです。

最後の依り処

第四の「無対光」ですが、これは、対比するものがない光ということです。阿弥陀仏は、他の何ものとも比較のしようがない、勝れた智慧の徳をそなえておられるのです。

この徳について、親鸞聖人はまた、『和讃』に次のように讃えられています。

「清浄光明ならびなし　遇斯光のゆえなれば　一切の業繋ものぞこりぬ　畢竟依を帰命せよ」（真宗聖典479頁）と。

清らかな智慧の光のはたらきは、これに並ぶものはなく、この光に遇うことによって、身勝手な一切の行いから起こって自分自身を悩ませるこだわりの心が取り除かれるのだから、人生の最後の最後の依り処である阿弥陀仏を頼りにしなさいと教えられています。「畢」も「竟」も、終わりという意味です。私たちは目先の価値にとらわれて、あてにならない物事をあてにして、それを依り処にして生きています。本当に最後の最後に依り処になるものを確かめられたならば、これほど安らかで喜びに満ちた人生はないと教えられているのです。

第五の光は、「光炎王」（『仏説無量寿経』では「焔王光」）です。「炎」は、私たちの愚かさから起こるさまざまな迷いを焼き尽くすことをたとえたものです。阿弥陀仏の智慧の光明は、無知の暗闇を照らし、暗闇を暗闇でなくしてしまうはたらきがあるのです。『和讃』には、「仏光照曜最第一　光炎王仏となづけ

たり　三塗の黒闇ひらくなり　大応供を帰命せよ」（同前）と詠われています。

阿弥陀仏の智慧の光の輝きは最高であるので、阿弥陀仏を「光炎王仏」ともお呼びする。仏の智慧の光は、私たちの迷いの暗闇を打ち開いてくださるのだから、供養するのに最もふさわしいお方として敬おうではないかと、述べられているのです。

第六は、「清浄光」です。貪りに支配される私どもの心の汚れに気づかせ、心が清らかになるように、はたらきかけてくださる智慧の光です。『和讃』には、「道光明朗超絶せり　清浄光仏ともうすなり　ひとたび光照かぶるもの　業垢をのぞき解脱をう」（同前）と詠われています。

本願の光は、他を超えて明るく輝いているので、阿弥陀仏を「清浄光仏」とも申し上げる。ひとたびこの光を身に受けたならば、心身の汚れは取り除かれ、あらゆるこだわりから解き放たれると、説いておられるのです。

第七は、「歓喜光」です。慈しみとしてはたらく阿弥陀仏の智慧の光は、怒りや憎しみの深い私どもの心を和らげてくださるので、私どもの心は喜びに変わるのです。『和讃』には、「慈光はるかにかぶらしめ　ひかりのいたるところには　法喜をうとぞのべたまう　大安慰を帰命せよ」（同前）と詠ってあります。

阿弥陀仏の慈しみの光は、あらゆるところに向けられていて、この光のおよぶところでは、真実によって起こる喜びがあふれるといわれているので、最大の慰めとなる阿弥陀仏を頼みにしようと、呼びかけておられます。

第八は、「智慧光」です。私どもは、真実に暗く、愚かで無知そのものです。そのために悩まなければならないことが多いのです。しかも、自分が無知であることにも、実は無知なのです。阿弥陀仏の智慧の輝きは、私どもに無知を知らせ、無知の闇を破ってくださるのです。これを『和讃』には、「無明の闇を破するゆえ　智慧光仏となづけたり　一切諸仏三乗衆　ともに嘆誉したまえり」（同前）と讃嘆してあります。

深い無知の闇を破ってくださるので、阿弥陀仏を「智慧光仏」ともお呼びする。一切の諸仏も諸菩薩も仏弟子も、こぞってこの智慧の光をほめ讃えておられると、述べてあるのです。

光明に遇う

第九の「不断光」は、一刻も途絶えることなく、私どもを照らし続けてくださる阿弥陀仏の智慧の光明のことをいいます。このような光明のことを『和讃』には、「光明てらしてたえざれば　不断光仏となづけたり　聞光力のゆえなれば　心不断にて往生す」（真宗聖典479頁）と詠ってあります。

阿弥陀仏の智慧の光明は常に輝いて絶えることがないので、阿弥陀仏のことを「不断光仏」ともお呼びする。この光を感じ取るために、絶えることのない信心によって往生するのだと、親鸞聖人は教えておられるのです。

第十の「難思光」は、凡夫の思いによっては、到底量り知ることのできない阿弥陀仏の智慧の光明のことです。『和讃』には、「仏光測量なきゆえに　難思光仏となづけたり　諸仏は往生嘆じつつ　弥陀の功徳を称せしむ」（真宗聖典480頁）と詠われています。

阿弥陀仏の智慧の輝きは、誰も思い量ることができないので、阿弥陀仏を

「難思光仏」とお呼びする。あらゆる仏が、凡夫の往生を讃嘆され、それを実現される阿弥陀仏の恩徳をほめ讃えておられると、説いてあるのです。

第十一は、「無称光(むしょうこう)」です。「称」は「はかる」という意味です。どのような方法によっても説明しきれない阿弥陀仏の智慧の輝きをいいます。これを『和讃』には、「神光(じんこう)の離相(りそう)をとかざれば　無称光仏となづけたり　因光成仏(いんこうじょうぶつ)のひかりをば　諸仏の嘆(たん)ずるところなり」（同前）と讃えてあります。

阿弥陀仏の光明は、あらゆる迷いから離れたものであるが、凡夫にはとてもそのありさまは説明できないので、阿弥陀仏を「無称光仏」ともお呼びする。悩みの多い凡夫を救うために、阿弥陀仏ご自身も、その光明によって仏に成られたので、すべての仏がこの光明の徳をほめておられると、述べておられるのです。

最後の第十二は、「超日月光(ちょうにちがっこう)」です。阿弥陀仏の智慧の光明が、日月の光を超えた光にたとえられているわけです。太陽の光は昼間に輝き、夜は照らしません。月の光は、夜は照らすけれども昼は輝きません。光のはたらきにかたよりがあるのです。さらに、どちらの光も、光の届かない影を作ってしまいます。阿弥陀仏の光明は、かたよりがなく、しかも届かないところがないのです。

これを『和讃』には、「光明月日に勝過して　超日月光となづけたり　釈迦嘆じてなおつきず　無等等を帰命せよ」(同前)と讃嘆されています。阿弥陀仏の智慧の光明は、日月の光よりはるかに勝れているので、阿弥陀仏を「超日月光仏」とも申し上げる。釈尊ですらこの智慧の徳をほめ尽くしてはおられない。等しく並ぶもののない阿弥陀仏に帰命しようではないか、と勧めておられるのです。

阿弥陀仏の智慧には、塵のようにちらばっているすべての世界を照らし出し、人びとの迷妄を打ち破って、人びとを輝かせる徳がそなわっていると、親鸞聖人はいっておられるのです。そして、その輝きを蒙っていない者は一人もいないといっておられるのです。

それなのに私は、そのことに気づこうともしていないようです。自分の思いにのみこだわって、しかも私は自分の思いを正当化し、あえて智慧の光明に背を向けているわけです。そのような私のことを悲しく思って、何とか私が目覚められるよう、親鸞聖人は、この偈によって教えてくださっていると思われるのです。

本願ノ名号ハ正定ノ業ナリ
至心信楽ノ願ヲ為スレ因ト

読み方

ほんがんみょうごうしょうじょうごう
ししんしんぎょうがんにいん

書下し

本願の名号は正定の業なり。
至心信楽の願を因とす。

意訳

本願の名号は正しく往生を決定するはたらきをする。
第十八の至心信楽の願が往生の原因となる。

本願のかたじけなさ

親鸞聖人は、「正信偈」をお作りになるに際して、まず、阿弥陀仏の徳を讃えられています。阿弥陀仏は、仏に成られる前、法蔵という名の菩薩であられましたが、菩薩は仏に成って一切の人びとを救いたいという、格別の願いを発されたのでした。

それは、深く悩み苦しみながら生きなければならない私たちを救おうとされた願いなのです。目先の出来事に心を奪われて、苦悩している自分の事実すら見失っている私たちを救いたいという願いなのです。

法蔵菩薩がそのような願いを発され、その願いが実現したことによって、法蔵菩薩が阿弥陀仏に成られたのですが、そのことを讃えてあるのが、「正信偈」の「法蔵菩薩因位時」という句からはじまる「依経段」といわれている部分です。『仏説無量寿経』というお経に依って述べてある段落ということです。そしてその「依経段」のはじめの十八句が「弥陀章」といわれている偈文ですが、「本願名号正定業」以下の四句は、その「弥陀章」の結びとなるもっとも大切な偈文です。

「本願の名号」といいますのは、「南無阿弥陀仏」のことです。法蔵菩薩は、どのような人もすべて救いたいと願われたのです。もし、すべての人びとを救うことができないのであれば、自分は仏には成らないと誓われたのでした。そして、法蔵菩薩のこの誓願は成就したのです。つまり、「南無阿弥陀仏」という名号を私たちに与えることによって、私たちが苦悩から救いとられて、間違いなく浄土へ往生することが明確になったのです。それで、菩薩は阿弥陀仏に成られたわけです。

阿弥陀仏の本願は、私たちが生まれてくるよりも前から、もともと私たちのために立てられている願いなのです。そして、その本願は現に私たちに対してはたらき続けているのです。そのことに気づいていない私たちを目覚めさせるために、「南無阿弥陀仏」が私たちに施し与えられているのです。姿のない本願が「南無阿弥陀仏」という、私たちがいつでも、どこでも称(とな)えられる名号として、私たちに差し向けられているというわけです。

そのような「南無阿弥陀仏」が、まさしく、私たちの往生を確定させるはたらきとなるのです。それが「正定の業」ということです。与えられている「南無阿弥陀仏」をありがたくいただいて称えることが、自分の力では悩み苦しみから脱け出せないでいる私たちの救いの原因となるということなのです。

この本願の名号が、私たちの救いをまさしく確定させるためのはたらきとなるのは、実は、法蔵菩薩が立てられた願いが原因となっているからです。すなわち、法蔵菩薩が立てられた四十八の誓願のうち、「至心信楽の願」といわれる第十八願（真宗聖典18頁）が、私たちの往生の直接の原因となっているのです。

すべての人びとが、法蔵菩薩の建立しようとされる浄土に生まれることを求め（欲生）、心を尽くして（至心）、そこに生まれることを信じて願い（信楽）、そのことを念じたとして、もしも、その人びとが往生できないのであれば、自分は仏には成らないと、法蔵菩薩は誓われたのです。それが第十八の誓願です。

本願の名号、つまり「南無阿弥陀仏」によって、私たちが往生することが、まさしく確定しているのは、とりもなおさず、法蔵菩薩の第十八の願いが成就して、阿弥陀仏に成られたからなのです。

ありがたいことに、私たちは、何とかして助けたいという深い願いがはたらいている世界に生まれてきているのです。しかし、私たちは、そのような願いに応（こた）えようとしないのです。また、応えることができないのです。そのような私たちのために、さらにありがたいことに、「南無阿弥陀仏」が届けられているのです。それなのに私たちは、自分の都合にこだわって、「南無阿弥陀仏」を軽んじてしまいます。

何とも情けない私たちに、親鸞聖人は、これらの偈文（げもん）によって、「本願のかたじけなさ」（真宗聖典640頁）を教えておられると思われるのです。

成等覚証大涅槃

必至滅度願成就

読み方

じょうとうがくしょうだいねはん

ひっしめつどがんじょうじゅ

書下し

等覚(とうがく)を成(な)り、大涅槃(だいねはん)を証(しょう)することは、
必至滅度(ひっしめつど)の願成就(がんじょうじゅ)なり。

意訳

仏と成(な)って、大涅槃のさとりに至ることは、
第十一の必至滅度の願の成就による。

往生の確定

最初に「等覚を成り」とありますが、その「等覚」というのは、「無上正等正覚」という言葉を短くしたものと思われます。これは、仏に成る覚りのことをいいます。「無上」ですから、その上がなく最高であるということです。「正等」は、かたよりがなく等しいということですから、平等ということになります。ただし、平等といいましても、あれとこれが平等だというようなことではなくて、いつでも、どこでも等しいということで、「普遍」と言い換えてもよい言葉なのです。次の「正覚」は、仏の完全な覚りのことです。

釈尊が得られた覚りは、ご自身のための覚りというのではなくて、人類を導き、人類を救うことを目的とした、人類のための覚りだったのです。そのために、「この上にない、完全に平等な、勝れた覚り」といわれるのです。この「無上正等正覚」というのは、インドの言葉を中国語にあらためた言い方ですが、中国語に訳さないで、インドの言葉の発音を写し取って（「音写語」といいます）漢字に表記する時には、「阿耨多羅三藐三菩提」と書き表されています。

「等覚を成り」という言葉について、これは、菩薩の五十二の階位のうちの第五十一番目の「等覚位」（ほとんど仏に近い境地）のことだと、多く解釈されていますが、ここでは、親鸞聖人が、『仏説無量寿経』とは別に訳された『無量寿如来会』にある第十一願の願文に依っておられるように思われますので、菩薩ではなくて、仏に成ることと理解することにいたしました。

「大涅槃」の「涅槃」は、もともとは、苦悩の原因である煩悩をすべて滅して、迷いから解放された状態を指す言葉です。また、菩薩たちが六波羅蜜という、気の遠くなるような厳しい修行によって到達される覚りの境地のことをいうようにもなりました。しかし、親鸞聖人の教えでは、「涅槃」は、私どもが、阿弥陀仏の本願によって遂げさせていただく「往生」を指しているのです。ですから、「成等覚証大涅槃」（等覚を成り、大涅槃を証することは）という句は、「仏に成って、往生という大涅槃を身に受けるのは…」という意味になるわけです。

「等覚を成り、大涅槃を証する」ということ、つまり、私たちが、往生という大涅槃にいたるのは、それは、阿弥陀仏が、法蔵菩薩であられた時に発された本願のうちの、「必至滅度の願」といわれる第十一の願い（真宗聖典17頁）が成就したからです。第十一願はまた「証大涅槃の願」ともいわれているものです。それを親鸞聖人は「必至滅度願成就」（必至滅度の願成就なり）と詠っておられるわけです。

「滅度」は「涅槃」のことですから、「必ず滅度に至る」ための願いというのは、「必ず涅槃に至る」願いということです。結局それは「必ず浄土に往生させる」という願いということになるのです。

阿弥陀仏の本願によって、私たちに差し向けられている名号、つまり「南無阿弥陀仏」こそが、私たちの往生をまさしく確定するはたらきをもつのです。それには第十八の「至心信楽の願」が成就していることが直接の原因となっているのです。そして、私たちが往生するということで仏に成るのは、第十一の「必至滅度の願」が成就しているからなのです。

如来所㆔以ユエハ興㆓出シタマフ世㆒ニ

唯説㆓ムトナリ弥陀本願海㆒ヲ

読み方

にょらいしょいこうしゅっせ

ゆいせみだほんがんかい

書下し

如来、世に興出したまうゆえは、
ただ弥陀本願海を説かんとなり。

意　訳

釈迦如来が世に出られたわけは、
ただ、海のように広く深い阿弥陀仏の本願をお説きになるため
である。

釈尊が世に出られたわけ

「正信偈」の最初の部分、「弥陀章」についてのあらましの説明は、前項で終わりました。それは、親鸞聖人が『仏説無量寿経』にもとづいて阿弥陀仏の本願のことを教えておられる部分でありました。

阿弥陀仏の本願というのは、私たち一人一人を間違いなく救おうとしてくださっている、深く大きな願いのことでありました。そのような広大な願いが、私がこの世間に生まれてくる以前から、すでに私に差し向けられ、私のために用意されているということです。

その広大な願いがはたらいているところに、実は私が生まれてきていることに、私が気づくのかどうか、そのような願いが現にはたらいているという事実を私が喜ぶのかどうか、そのことだけが残っている問題なのです。私にとっての最大の用事なのです。

これから、釈尊について詠われている「釈迦章」といわれている部分に入ります。

まず、「如来所以興出世」（如来、世に興出したまうゆえは）とあります。「如来」というのは、「如（真実）から来た人」という意味ですが、この場合は、釈迦牟尼如来、すなわち釈尊のことをいっておられます。

「世に興出したまうゆえ」というのは、「この世間にお出ましになられた理由」ということです。「所以」を「ゆえ」と読んでおられるのです。つまり、釈尊がこの世間にお出ましになられた目的は何であったのか、ということです。釈尊は、どのような目的があったために、この世に生まれてこられたのか、ということなのです。

それについて、親鸞聖人は、「唯説弥陀本願海」（ただ弥陀本願海を説かんとなり）と述べておられます。つまり、釈尊がこの世間にお生まれになって、仏に成られたのは、ただただ、私たちに、阿弥陀仏の本願のことを教えようとされたためであった、ということです。

「本願」という言葉に、親鸞聖人は「海」という字を添えておられます。それは、どのような人もすべて浄土に迎え入れたいとされる阿弥陀仏の本願が、海のように広く深い願いであることを印象深く表現されているのだと思われます。

親鸞聖人は、たとえば「一乗海」（真宗聖典196頁）とか、「功徳大宝海」（真宗聖典206頁）というように、仏教の大切な言葉の後に、しばしば「海」という字を添えておられます。これはやはり教えの広さ深さを表しておられるのでありましょう。

ところが、また一方では、「五濁悪時の群生海」（真宗聖典204頁）とか、「一切苦悩の衆生海」（真宗聖典225頁）などというように、さまざまな汚れのなかで、悩み苦しみに浮き沈みする私たち衆生の現実についても、「海」という字をつけ加えておられます。聖人は「願海は二乗雑善の中下の屍骸を宿さず」（真宗聖典198頁）と教えておられますが、まことに、海は屍骸を岸辺に打ち上げてしまい、生きているものを住まわせるのです。阿弥陀仏の本願という海は、汚れた衆生、苦悩する衆生であっても、身をゆだねて喜ぶならば、生き生きと活かされるところなのです。

親鸞聖人は、師の法然上人のもとで、本願念仏の教えに出遇（であ）われましたが、ほどなく念仏への弾圧という法難（ほうなん）に遭われて、越後に流罪（るざい）になられました。京都に生まれ育たれた聖人は、この時はじめて海を見られたのではないかと思います。あらゆる川の水をそのまま受け入れ、生きものであれば、すべてを生き生きと活かす力をそなえた、広く深い日本海を感慨深くご覧になったことが偲（しの）ばれます。

話をもとに戻します。釈尊がこの世間にお出ましになられた目的は何であったのか。釈尊は、たまたまこの世間にお生まれになり、たまたま仏に成られて、人びとに教えを説かれた、ということではないのです。この世間にお出ましになられたのは、それは、ただただこの私を救ってやりたいという阿弥陀仏の本願が、私に差し向けられている、その事実を私に教えようとしてくださったためである、ということなのです。

仏説無量寿経

「如来、世に興出したまうゆえは、ただ弥陀本願海を説かんとなり」（如来所以興出世　唯説弥陀本願海）。親鸞聖人のこのお言葉は、『仏説無量寿経』によるものです。このお経のなかで、釈尊は、「如来、無蓋の大悲をもって三界を矜哀したまう。世に出興したまう所以は、道教を光闡して、群萌を拯い恵むに真実の利をもってせんと欲してなり」（真宗聖典8頁）と説いておられるのです。

それは、「釈尊は、何ものにも覆われることのない大悲によって、果てしない迷いの状態（三界）にある人びとを哀れんでおられるが、釈尊がこの世間に出られたわけは、教えを世に明らかにして、そのような人びとを救い、真実の利益を恵み与えたいと願われたからである」というほどの意味になります。

このようにお説きになったうえで、釈尊は、法蔵菩薩が四十八の誓願を発されたこと、そしてそれらの誓願がすべて成就して、法蔵菩薩が阿弥陀仏に成られたことなどを説かれます。つまり、阿弥陀仏の本願のことを教えられるのです。先ほどの経文に「真実の利」とありましたのは、阿弥陀仏の本願のことを釈尊が私たちに教えてくださったということなのです。

このように、『仏説無量寿経』というお経は、釈尊が世に出られた理由を明らかに説いてあるために、「出世本懐の経」といわれます。釈尊が世に出られた本当のお気持ちを表してあるお経という意味です。

「出世本懐の経」といわれているお経が、もう一つあります。それは『法華経』（『妙法蓮華経』）というお経です。

このお経には、「一乗」ということが説かれているのです。それは、仏に成れる人と、仏に成れない人とがあるのだと、誤ってそのような理解にこだわる人びとが世の中にはいるだろうが、しかしそのような受け取り方は、仏教の真実ではないという教えです。誰もが仏に成るという、一つの乗り物、一つの教えしかないのだ、というのが『法華経』の教えなのです。

すべての人が仏に成るといわれるけれども、それはなぜであるのか、そのことについては、『法華経』には必ずしも明確に説き明かされていないのです。

仏に成る根拠を示すことは『法華経』の目的ではなかったのです。

しかし『仏説無量寿経』には、仏に成るという言い方ではありませんが、すべての人びとが浄土に往生するのは、阿弥陀仏の本願によるのであると、明確に示されているのです。親鸞聖人はお若い時に、比叡山で『法華経』を深く学ばれたはずですが、阿弥陀仏の本願が説かれているために、『仏説無量寿経』を最も大切にしておられるのです。

ところで、阿弥陀仏の本願のことを私に教えるために、釈尊がこの世間にお出ましになられたのだということは、私どもの常識からしますと、理屈に合わないことです。歴史的な見方からしましても、筋の通らない話ということになります。釈尊はたまたまお生まれになったのであり、のちにようやく仏に成って教えを説かれたと見るからです。

釈尊がわざわざこの世間にお出ましになられたのは、ただ、阿弥陀仏の本願のことをお説きになるためだったのだと、親鸞聖人が「正信偈」に詠っておられるのは、常識や歴史的な見方ではなくて、それは心の奥深いところからわき出てくる宗教心による見方なのです。聖人がお受け取りになられた信心による自覚の問題なのです。

阿弥陀仏の本願という大悲に出遇われた親鸞聖人にしてみれば、世間の常識がどうであろうと、また歴史がどうであろうと、それはそれとして、釈尊は、親鸞聖人ご自身のために『仏説無量寿経』を説いてくださり、阿弥陀仏のことを教えてくださったのだと、そのようにしかお受け取りになれなかったのではないでしょうか。「正信偈」のこの二句を拝読しますと、心から感激しておられる聖人のお気持ちが、なんとなく伝わってくるような気がするのです。

五濁悪時ノ群生海

応シレ信ス二如来如実ノ言ヲ一

読み方

ごじょくあくじぐんじょうかい

おうしんにょらいにょじつごん

書下し

五濁悪時の群生海、如来如実の言を信ずべし。

意訳

五濁の悪時に生きるすべての人びとは、釈迦如来の事実の通りのお言葉を信ずるべきである。

この世間に生きる私たち

親鸞聖人は、「如来、世に興出したまうゆえは、ただ弥陀本願海を説かんとなり」（如来所以興出世　唯説弥陀本願海）と詠われました。

釈尊がこの世間にお出ましになられたのは、たまたまのことではなくて、それはただただ阿弥陀仏の本願のことを世間の人びとに教えようとされたためであったと、このように親鸞聖人は受けとめられたのです。

釈尊がお出ましになられた世間というのは、どのような世間なのでしょうか。それは、とりもなおさず、私たちが生きているこの世間なのです。それでは、私たちが生きているこの世間とは、どのようなところなのでしょうか。

釈尊は、『仏説阿弥陀経』のなかで、この世間のことを五濁の悪世であると教えておられます（真宗聖典133頁）。すなわち、五つもの濁りがある、ひどい世の中ということです。私たちが生きているこの世間は「五濁悪世」であり、私たちが生きているこの時代は「五濁悪時」なのです。

私たちは、この世間が何の問題もない立派な世間だとは思っておりませんし、また、まことにいい時代だとも思ってはおりません。だからといって、「五濁」だとはっきり認識しているかというと、どうもそうではなくて、この世間にもこの時代にも愛着を感じているのではないでしょうか。そして、悪い世の中、悪い時代だといいながら、誰かに何とかしてほしいと思い、もっといい時代になってほしいものだと、身勝手なことを考えているのです。まったく不確実な期待をいだいて、事実から目をそらせているのです。

私たちが愛着を感じているこの世間は、釈尊の澄みきった眼でご覧になると、実はひどく濁りきったところなのでしょう。また親鸞聖人は、ご自分を厳しく見つめられて、「罪悪深重（ざいあくじんじゅう）」（真宗聖典626頁）と見究（みきわ）められましたが、ご自身が生きられたその日々を、どうしようもなく濁りきった毎日と受けとめられたのだと思われます。

「五濁悪時の群生」といわれる「群生」は、「衆生（しゅじょう）」と同じ意味の言葉で、「あらゆる生きもの」ということです。インドの言葉が中国語に翻訳される時に、翻訳者によって用いた訳語が異なったわけです。「群生」も「衆生」も、さしあたっては、私たちのことを指しているのです。

「五濁悪時の群生」、つまり五濁といわれる悪い時代に生きている私たちは、いったいどうすればよいのか。それについて、「正信偈」には「如来如実の言（みこと）を信ずべし」（応信如来如実言）と詠われています。すなわち、五濁の悪時に生きる私たちとしては、ありのままの事実（如実）をお説きになられた如来のお言葉を信ずるほかはないのだと、親鸞聖人は教えておられるのです。

この場合の「如来」は釈尊のことですから、「如実の言」というのは、『仏説無量寿経』に説かれている釈尊のお言葉です。つまり、阿弥陀仏の本願について教えられた釈尊のお言葉なのです。

先ほどの「群生」という言葉に「海」の字が添えられていますが、これは、前の句の「本願海」という言葉と関連していると見てよろしいでしょう。阿弥陀仏の本願が海のように深く広いものであり、群生は海のなかの生きものほども数が多いことから、関連させておられると理解することもできると思います。

しかし、海はあらゆる生命の源（みなもと）です。生きるための依り処です。広大な本願の海が、そのまま、そこでなければ生きものが生きられない群生の海なのです。どう見ても、情けない生きものとしかいいようのない私が、本当に「いのち」あるものとして生きれるのは、阿弥陀仏の大きな願いのなかに包まれている自分自身に気づかされることによるのだと、聖人は教えておられると思うのです。

五濁の悪時

親鸞聖人は、聖人が生きられた時代を「五濁の悪時」と見定められました。しかし、「五濁」ということは、私たちの身近なところでいうならば、すでに釈尊の教説である『仏説阿弥陀経』のなかに説き示されていることですから、それは、親鸞聖人の時代と社会に限ることではないわけです。釈尊の時代も社会もやはり「五濁」だったのです。

そればかりか、『仏説阿弥陀経』や「正信偈」の教えは、実は今の私どもに対して差し向けられている教えなのですから、それらの教えのなかに説かれている「五濁」は、そのまま、現代という時代、現代の社会のことであると認識しなければならないのです。

「五濁」というのは、末の世において、人間が直面しなければならない五種類の濁り、汚れた状態をいいます。それは「劫濁」「見濁」「煩悩濁」「衆生濁」「命濁」の五つです。

まず、「劫濁」ですが、「劫」は、「時代」という意味ですから、「劫濁」というのは、「時代の汚れ」ということになります。疫病や飢饉、動乱や戦争が続発するなど、時代そのものが汚れる状態なのです。

「見濁」の「見」は、「見解」ということで、人びとの考え方や思想をいいます。したがって「見濁」とは、邪悪で汚れた考え方や思想が常識となってはびこる状態です。

「煩悩濁」は、煩悩による汚れということで、欲望や憎しみなど、煩悩によって起こされる悪徳が横行する状態です。

「衆生濁」は、衆生の汚れということで、人びとのあり方そのものが汚れることです。心身ともに、人びとの資質が衰えた状態になることです。

「命濁」は、命の汚れということですが、それは自他の生命が軽んじられる状態と考えられます。また生きていくことの意義が見失われ、生きていることのありがたさが実感できなくなり、人びとの生涯が充実しない虚しいものになってしまうことであると、今は解釈しておきたいと思います。もともとは、人間の寿命が短くなることであると解釈されてきましたが、それは命の年数が短くなるというよりも、精神の豊かさが薄らぐことを意味していると理解してよいように思われるのです。

私たちが暮らしている現代社会というのは、どのような時代社会なのでしょうか。身のまわりに起こっている、さまざまな出来事や事件を一つ一つ眺め返しますと、とても喜びにあふれた社会とは申せません。悲しいこと、悩むことが多すぎます。しかもおぞましいことに、そのような出来事があまりにも多いので、慣れっこになってしまって、驚きや悲しみの実感が薄らいでしまってさえいるのではないでしょうか。

現代の世相は、まさしく「五濁」というよりほかはありません。この悲しい「五濁の悪時」に生きる人類は、いったいどうすればよいのでしょうか。あらためて釈尊のお言葉を信じて生きるよりほかはない、と親鸞聖人は教えておられるのです。すなわち、釈尊が『仏説無量寿経』に示された、阿弥陀仏の本願を依り処にして生きるほかはないと教えておられるのです。

実は、釈尊がこの世間にお出ましになられたのは、ただただ、海のようにすべてを包み込む阿弥陀仏の本願のことを私たちに知らせようとされたためであったのです。親鸞聖人は、「如来、世に興出したまうゆえは、ただ弥陀本願海を説かんとなり」（如来所以興出世　唯説弥陀本願海）と教えておられるではありませんか。

能ク発スレハ二一念喜愛ノ心ヲ一

不シテレ断セ二煩悩ヲ一得ウルナリ二涅槃ヲ一

読み方

のうほいちねんきあいしん

ふだんぼんのうとくねはん

書下し

よく一念喜愛の心を発すれば、
煩悩を断ぜずして涅槃を得るなり。

意訳

一念の喜びの心を起こすことができれば、
煩悩をなくさないままで涅槃のさとりが得られるのである。

喜愛の心

「正信偈」には、これまで見てきましたところに、まず、阿弥陀仏の本願の徳が讃嘆してありました。本願というのは、一切の人びとを浄土に迎え入れたいという願いでありました。そしてその願いが、常に私どもに差し向けられていることが述べてありました。

次いで、釈尊がこの世間にお出ましになられた、そのわけが述べてありました。それはただ、『仏説無量寿経』をお説きになって、阿弥陀仏の本願のことを私どもに教えようとされたためであったのでした。

そして、五濁という悪い時代社会に生きる私どもは、阿弥陀仏の本願を説かれた釈尊のお言葉を信ずるほかはないと、親鸞聖人は教えておられるのでした。

それでは、『仏説無量寿経』に示されている釈尊のお言葉に従うということは、どのようなことであるのか。また、釈尊のお言葉に素直に従うことによって、私どもはどうなってゆくのか。それらのことが、これからしばらく、八行十六句にわたって述べられるのです。

まず、「能発一念喜愛心　不断煩悩得涅槃」（よく一念喜愛の心を発すれば、煩悩を断ぜずして涅槃を得るなり）と詠われます。つまり、教えを信じて、ひと思いの喜びの心を起こすことができるならば、煩悩をなくさないまま、煩悩にまみれた身のままに、煩悩の支配を受けない涅槃という境地にいたることができる、と説かれているのです。

まずは「能発一念喜愛心」の句に注目したいと思います。この句の前に、「五濁悪時群生海　応信如来如実言」（五濁悪時の群生海、如来如実の言(みこと)を信ずべし）とあります。五つの濁りのある悪い時代に生きる人びとは、釈迦如来が説かれた事実の通りのお言葉、つまり、釈尊が『仏説無量寿経』にお説きになられた阿弥陀仏の本願についての教え、それを信ずるべきであると、親鸞聖人は教えておられるのでした。

そしてこれに、「能発一念喜愛心」（よく一念喜愛の心を発すれば）という句が続くわけです。

このような「正信偈」の偈文の意味は、どのように受け取れるでしょうか。文脈からすると、それは、私どもが、釈尊のお言葉、つまり本願の教えを信じて、一念の喜びの心を起こすことができるならば、煩悩のままに、涅槃の境地を得ることができるという、そのような意味に受け取れることになります。

けれども、親鸞聖人は、もう少し大切な意味をこの句に込めておられると思われます。「能発」（よく発す）というのは、文字通りには、起こすことができるという意味ですが、私どもが自分で（喜愛の心を）起こすことができる、というのではないでしょう。それは、阿弥陀仏の願いによって、その願われた通りに、（喜愛の心が）私どもの心のなかにわき起こるということを意味するのです。

さきに「応信如来如実言」（如来如実の言を信ずべし）と詠ってありました。この流れからしますと、「信」がもとになって「喜愛」があるわけです。しかも親鸞聖人が教えられる「信」は、私どもが自分の意志で起こすものではありません。「南無阿弥陀仏」としてはたらく、阿弥陀仏の本願の力によって起こるものと教えられています。

阿弥陀仏の願いによって私どもに信心が生じ、その信心によって歓喜の心が起こされるのです。『仏説無量寿経』に、「あらゆる衆生、その名号を聞きて、信心歓喜せんこと、乃至一念せん」（真宗聖典44頁）と説かれています。ここには、「南無阿弥陀仏」という名号によって「信心歓喜」があると教えられています。しかも「信心」と「歓喜」とが一つのこととして説かれているのです。まことに、信心をたまわっていることに気づかされることは、うれしいことなのです。同時に、自分に願いが差し向けられていることを素直に喜ぶことが、実は信心をいただくということになるわけです。

煩悩と涅槃

私どもは、自我のはからいを捨てることが、なかなかできません。けれども、はからいを少し横に置くことによって、阿弥陀仏の本願に素直になれると教えられています。そして、仏の願いに素直になる信心によって、喜愛の心が起こされるのだと諭（さと）されています。

さらに、喜愛の心が起こされることによって、煩悩をなくさないままで、煩悩の支配を離れた涅槃という境地にいたることができると詠われているのです。

「煩悩」というのは、私どもの身や心を煩（わずら）わせ、悩ませる心のはたらきのことです。しかもそれは、自分自身が引き起こしている心の作用なのです。私どもの心には、いつも一〇八種類の煩悩がはたらいているといわれていますが、その代表的な煩悩、最も深刻な煩悩を「三毒（さんどく）煩悩」といいます。それは、貪欲（とんよく）（欲望をいだくこと）と、瞋恚（しんに）（憎み怒ること）と、愚癡（ぐち）（道理に無知であること）の三つです。

あらためて自分の心のなかを静かにのぞいてみると、まさに教えられている通り、そのような煩悩がいつも心に付きまとっていて、絶えず自分を支配していることを認めざるを得ません。自分の利益のためになると思い込み、自分の思い通りにしようとしていること、それが実は煩悩であって、結局はそれが自分自身を苦しめ悩ませる原因になっていると、釈尊は教えられたのです。しかも、私どもは、自らが引き起こしている煩悩によって、自分自身が苦しんでいる、そのことにすら、なかなか気づけないでいるのです。まことに、道理に無知だといわなければなりません。

　私どもが身に受けているさまざまな苦悩から解き放たれるために、釈尊は、その原因である煩悩を取り除く道を教えられたのでした。そして、すべての煩悩が取り除かれた、心穏（おだ）やかな状態を「涅槃」と教えられたのです。

　このように、「涅槃」は煩悩を滅した状態を意味するのでした。そしてさらに、完全に煩悩を滅した状態というのは、人の「死」であることから、「涅槃」は「死」と理解されるようにもなったのでした。人が亡くなることを「涅槃に入る」とか、「入滅（にゅうめつ）」とかいわれるようになったのです。

　ところが、やがて「涅槃」についての理解はさらに深められ、「滅」というような消極的な見方ではなく、「覚り」という積極的な意味に理解されるようになったのです。煩悩が滅することを「涅槃」というならば、「煩悩を断ぜずして涅槃を得る」というのは、煩悩をなくさないままで、煩悩のなくなった状態になるということになりますから、矛盾した言葉になります。けれども「覚り」ということであれば、「覚り」は煩悩の有る無しをはるかに超えた境地ですから、煩悩を断ずるとか、断じないとかにかかわりなく、「覚り」としての「涅槃」に到達することがあるわけです。これが「煩悩を断ぜずして涅槃を得る」という教えの一般的な理解です。

しかし、「覚り」ということであれば、覚れる人と、覚れない人とができてしまいます。覚る力のある人と、覚るほど力のない人との区別が出てくるわけです。

「正信偈」に示されている親鸞聖人のお心からすれば、「涅槃」は、ある個人の「覚り」というようなことではないでしょう。釈尊が教えられた通り、私どもは五濁の世に生きなければなりませんが、その自分の身に届けられている信心を喜ぶことによって、その人の煩悩ばかりではなく、すべての人びとの煩悩を飛び超えた「涅槃」が、その人に実現するということになるのではないでしょうか。

もう少し言葉を換えてみるならば、阿弥陀仏の本願によって往生すること、そのことが「涅槃」の意味であるということになるのです。煩悩を断ずることができなくても、いや、煩悩を断ずることのできない、愚かで情けない自分であるからこそ、「本願」ともいうべき「涅槃」、「往生」ともいうべき「涅槃」を、私どもは得させてもらうのであると、聖人は教えておられるように思うのです。

凡聖逆謗斉ヒトシク回入レハ

如シニ衆水入テレ海一味ナルカ一

読み方

ぼんしょうぎゃくほうさいえにゅう

にょしゅうしにゅうかいいちみ

書下し

凡聖、逆謗、ひとしく回入すれば、衆水、海に入りて一味なるがごとし。

意訳

凡夫も聖者も、五逆や謗法の者も、同じく心をひるがえせば、あらゆる川の水も、海に入れば同じ味になるようなものである。

凡夫も聖者(しょうじゃ)も

五濁という悪い世に生きる私どもには、阿弥陀仏の本願について教えられた釈尊のお言葉を信ずるほかはないと、親鸞聖人は詠われました。

釈尊のお言葉、すなわち『仏説無量寿経』の教えに素直に従うということは、どのようなことであるのか。それについて聖人は、煩悩を断じないままでも、涅槃を得させてもらえるということであると教えられました。

さらに、親鸞聖人は続けられるのです。「凡聖逆謗斉回入　如衆水入海一味」（凡聖、逆謗、ひとしく回入(えにゅう)すれば、衆水、海に入りて一味なるがごとし）と。

「凡聖」というのは、煩悩にまみれて迷っている「凡夫」と、煩悩をなくして清らかになられた「聖者」とです。「凡夫」と「聖者」とは、煩悩に支配され続けているか、それとも煩悩を滅し尽くしているか、そこに違いがあるわけです。

また「逆謗」というのは、「五逆(ごぎゃく)」という重い罪を犯した人と、「謗法(ほうぼう)」の人、すなわち仏法を誹るという悪をはたらく人です。

五逆とは、①父を殺すこと（害父）②母を殺すこと（害母）③聖者を殺すこと（害阿羅漢）④仏のお体を傷つけて血を流させること（出仏身血）⑤教団を分裂させること（破和合僧）をいいます。

「回入」とは、回心して帰入することといわれます。つまり、自分の思いにこだわり続ける心をひるがえして、真実に目覚めることです。常に阿弥陀仏の願いが差し向けられている身であるのに、そのことに気づかないのは、仏の願われていることよりも自分の目先の判断を大切にしているからなのです。ですから、自分のはからいを捨てて、真実に背を向ける心をひるがえすことが必要なのです。大きな願いのなかに生きている、本来の自分に立ち戻ることが必要なのです。

煩悩にまみれ続けている凡夫であろうと、煩悩を滅し尽くした清らかな聖者であろうと、また、たとえ五逆というような重い罪を犯す人であろうと、さらには、仏法を誹るような人であろうと、いずれも自分の力では「涅槃」といわれる勝(すぐ)れた境地にいたることはできないのです。誰も自力では「往生」することはできないのです。

しかし、凡夫であろうと、聖者であろうと、五逆であろうと、謗法であろうと、自分本位という思いを大きくひるがえして、真実に対して謙虚になり、本願を喜べるようになるならば、阿弥陀仏の願いによる救いにあずかることになると、親鸞聖人は教えておられるのです。

それはちょうど、どこから流れてきた川の水であろうと、海に注ぎ込めば、みな同じ塩味になるようなものだと教えておられるわけです。

海に流れ入る水には、どこから流れ出てくるか、それぞれ水源の違いがあります。また途中でどのような所を流れ下ってくるのか、そのたどってくる場所や状況が違っています。しかし、出発や経過がどうであれ、海に入れば同じ水になるわけです。

人はそれぞれ、今の生き方の実状に違いがあります。善(よ)し悪(あ)しの違いもあります。またこれまでに生きてきた経過や経歴もさまざまです。

けれども、どのような状態にあろうと、またどのような経歴であろうと、阿弥陀仏の願いのもとでは何の違いも区別もないと教えられているのです。ただ問題は、私どもの今のあり方がどうであるかということです。私どもが、真実に背を向けたままの愚かな自分にこだわり続けるのか、それとも、そのような自分に阿弥陀仏の願いが向けられていることに気づかせてもらって喜ぶのか、というところに決定的な相違があります。

凡夫も聖者も、五逆や謗法ですら、ひとしく心をひるがえすならば、さまざまな川の水が海に流れ入って一つの味になるようなものだ、と詠われていますが、この句の直前にあるように、一念の喜愛の心を起こすならば、自ら煩悩を断ち切ることができない者たちであろうとも、涅槃、すなわち往生を得させてもらえるのです。

ここには、本願に触れた一念の喜愛の心が、何にも先立って大切であることが教えられているわけです。

摂取ノ心光常ニ照護シタマフ

已テニ能ク雖レ破スト二無明ノ闇ヲ一

貪愛瞋憎之雲霧

常ニ覆ヘリ二真実信心ノ天ニ一

読み方

せっしゅしんこうじょうしょうご
いのうすいはむみょうあん
とんないしんぞうしうんむ
じょうふしんじしんじんてん

書下し

摂取の心光、常に照護したまう。
すでによく無明の闇を破すといえども、
貪愛・瞋憎の雲霧、
常に真実信心の天に覆えり。

意訳

すべてをおさめ取られる慈悲の光は、常に照らして護ってくださる。
すでに無明の闇は破られてはいるけれども、欲望と怒り憎む心が雲や霧となって、常に真実信心を上から覆っている。

常に照らされている私の事実

自分のはからいを頼りにする、そのような自力の心をひるがえすことが大切であると、親鸞聖人は教えられました。そのことを聖人は、「回入」という言葉で示されたのです。

釈尊は、『仏説無量寿経』をお説きになって、人類に、阿弥陀仏の本願のことを教え示されました。これについて、親鸞聖人は、凡夫であろうと、聖者(しょうじゃ)であろうと、また、五逆という重い罪を犯した者であろうと、さらには、仏法を謗ってきた者であろうと、釈尊のこの教えに触れるならば、自分の身に阿弥陀仏の深い願いが差し向けられていることに気づかされるのであると、教えられました。そして、心がひるがえって、そのような釈尊の教えに触れ得たことを喜ぶことができると教えられました。

さらに、親鸞聖人は、「摂取心光常照護」（摂取の心光、常に照護したまう）と詠(うた)って喜んでおられます。「摂取」というのは、阿弥陀仏が私たちを摂(おさ)め取ってくださること、すなわち、救い取ろうとしてくださっていることとです。そして、その「摂取」ということは、「心光」によることとされています。「心光」は、阿弥陀仏の大慈悲心の光です。

「光」は、多くの場合、仏の「智慧」のはたらきのことをいいます。私どもは、自分の思いにこだわり続けていますから、本当のことがわからず、ものの道理についてまったく「無知」なのです。しかも、道理がわかっていないのに、わかっていると思い込んでいるのです。つまり、わかっていないこと、そのこと自体が、実はわかっていないのです。

そのような心は真っ暗闇のようだと教えられています。暗闇を暗闇でなくするもの、それが「光」です。しかし、暗闇が、どこか他の所へ移動していって、そこが暗闇でなくなるのではありません。「光」のはたらきを受けて、同じ暗闇そのものが、そのまま暗闇でなくなるのです。私どもの心を照らし出し、その心の暗闇を破ってくださるのが仏の「智慧の光」なのです。

ところが、仏の「智慧」は、単に「智慧」としてだけはたらくのではありません。実は、「智慧」が完全にはたらく時には、それは「慈悲」となって私どもにはたらきかけているのです。言い換えれば、私どもに差し向けられている「慈悲」を身に感ぜしめられることによって、仏の深い「智慧」のはたらきを知らしめられるのです。そのような「智慧」にもとづいた「慈悲」の心のことを、「摂取の心光」と詠われているのです。

「摂取の心光」、すなわち阿弥陀仏の大慈悲心の光は、「常照護」（常に照護したまう）といわれています。いつも私たちの身と心を包んで照らし、私たちを護（まも）ろうとしてくださっているというわけです。

親鸞聖人は、「常照護」を「照護したまう」と読んでおられます。ここには、大慈悲心の光がいつでも照護してくださっているという、事実が述べられているのです。照護していただきたいという、希望を述べておられるのではありません。また、照護してもらっているだろうという、推測を述べておられるわけでもないのです。あくまでも、今、現に起こっている事実を聖人は教えておられるのです。

私たちは、自分の思いを最優先させて物事に接しています。そして、自分にわかることだけが事実であると思い込んでいるのではないでしょうか。親鸞聖人は、『仏説無量寿経』の教えを通して、阿弥陀仏の大慈悲心の光が、常に照護してくださっているという事実にお気づきになり、私どもの思い込みが、実は思い違いでしかないことを指摘しておられると思われるのです。

信心を覆うもの

この光に照らされているという事実によって、「已能雖破無明闇」（すでによく無明の闇を破すといえども）とありますように、私どもの心の「無明」の闇は、すでに破られているのです。

「無明」というのは、根元的な無知です。真実に暗く、真実を知見する智慧の明るさが欠けている状態です。それが凡夫の迷いの根本となる煩悩なので す。「無明」は、私どもの心のなかでは「愚癡（ぐち）」という姿をとってはたらきます。

「愚癡」は、どうしようもない愚かさです。何が真実であるのか、まったくわかっていないのです。真実がわかっていないだけではなく、そのわかっていないことすら、わかっていないのです。逆に、自分にわかっていること、それが真実だと思い込んでいるのです。まことに愚かというほかはありません。哀れで滑稽な姿です。

このような「愚癡」となってはたらく「無明」の闇は、実は、阿弥陀仏の大慈悲心の光によってすでに破り尽くされているはずなのです。そして私どもは、真実に素直に向き合うことができているはずなのです。

ところが、「貪愛瞋憎之雲霧　常覆真実信心天」（貪愛・瞋憎の雲霧、常に真実信心の天に覆えり）と詠われていますように、「貪愛」や「瞋憎」といわれる煩悩が、雲や霧のようにわき立ち、私どもの心に立ちこめて、「真実信心」を覆い隠してしまっているのです。

「貪愛」は「貪欲」ともいわれますが、しがみつく愛着・欲望です。私どもは、しがみつくべきでないものにしがみついてしまいます。それは無知によって起こる心の動きです。無知ですから、しがみつけば必ず苦という結果をもたらすのに、それを知らずに、自分にとってこの上なく大切なものと錯覚(さっかく)して、愛着をいだくのです。

「瞋憎」は「瞋恚(しんに)」ともいわれます。怒り憎む心です。怒りや憎しみは、自分の思い通りにならない時に起こります。私どもは、何ごとについても、自分の思い通りになることを期待します。時には、思い通りになるはずのないことをも、思い通りにしようとこだわります。これも無知によって起こります。怒りや憎しみは、他の人びとを傷つけると同時に、自分自身をも傷つけることになります。そして心の平静さを失わせ、ますます間違った方向に自分を追いやってしまうのです。

せっかく阿弥陀仏の大慈悲心の光に照らされて、無知が除かれ、「真実信心」が受けとめられるようにしてもらっているはずなのに、どこからともなくわき起こってくる「貪愛」や「瞋憎」によって、その「真実信心」を覆い隠して、それに気づかない自分になっているのです。わざわざ自分で自分をいっそう深刻な無知にしているのです。

「真実信心」という言葉には、少し注意が必要です。私どもの「信心」が、どうして「真実」であるのかということです。「信心」は、私どもの判断で、信じるか信じないかを決定する信心ではありません。愚かで間違いの多い私どもが決定する信心であるならば、どうして「真実」といえるでしょうか。それは阿弥陀仏から振り向けられた信心なのです。自力によって引き起こす信心ではなくて、阿弥陀仏からいただく、他力の信心です。だから、その「信心」は「真実」なのです。

私どもは、自らが引き起こす「貪愛」や「瞋憎」によって、せっかく回向されている「真実の信心」を覆い隠して、それを自分から遠ざけているのです。けれども、阿弥陀仏の大慈悲心の光は、そのようなことでは覆い尽くせるものではないと、親鸞聖人は、この次の句に詠われます。

譬ハ如シ下日光ノ覆ハルレトモ二雲霧ニ一

雲霧之下明ニシテ無キカ中闇上

読み方

ひにょにっこうふうんむ
うんむしげみょうむあん

書下し

たとえば、日光の雲霧に覆わるれども、雲霧の下、明らかにして闇きことなきがごとし。

意訳

たとえば、日光が雲や霧に覆われたとしても、雲や霧の下は、明るくて闇でないようなものである。

信心を覆うとも

「譬如日光覆雲霧　雲霧之下明無闇」（たとえば、日光の雲霧に覆わるれども、雲霧の下、明らかにして闇きことなきがごとし）という二句は、前の四句と内容が直接に連なっております。

まず、「摂取心光常照護」（摂取の心光、常に照護したまう）とありました。私どもを摂め取って、救おうとしてくださる阿弥陀仏の大慈悲心の光は、いつも、今もなお、私どもを照らし、護っていてくださっているということでありました。

ところが、本当に照護されているのかどうか、私どもの常識では確信がもてません。けれども、現に照護されていることは、まぎれもない事実であると、親鸞聖人は受けとめられたのです。それは、照護されていることを身をもって確信された人のお言葉です。あえていうならば、それが親鸞聖人の常識なのです。

阿弥陀仏の大慈悲心の光に照護されていますので、その光によって、私どもの心の闇はすでに破り尽くされているのです。「已能雖破無明闇」（すでによく無明の闇を破すといえども）と続けられている通りです。

にもかかわらず、私どもの心には、貪りや憎しみなどの煩悩が、雲や霧のように立ちこめてきています。そして、その雲や霧のために、阿弥陀仏の大慈悲心という天空を覆ってしまっているのです。阿弥陀仏の大慈悲心は、「真実信心」として、私どもの身に具体化されています。その「真実信心」を覆っていることになるのです。そのことが、「貪愛瞋憎之雲霧　常覆真実信心天」（貪愛・瞋憎の雲霧、常に真実信心の天に覆えり）と詠われているのでありました。

阿弥陀仏は、大慈悲心によって、「真実信心」を私どもに差し向けて（回向して）くださっています。煩悩の泥にまみれている私が、自分の考えや都合によって引き起こす信心であれば、それは「真実信心」ではありませんが、阿弥陀仏が私に施与してくださっている信心ですから、それは「真実信心」なのです。そのような「真実信心」を私は見失っているわけです。

しかしながら、その後、「たとえば、日光の雲霧に覆わるれども、雲霧の下、明らかにして闇きことなきがごとし」と詠われています。日光が雲や霧に覆われてしまっているため、私どもには日光を見ることはできません。けれども日光は輝き続けているわけですから、その雲や霧の下は、決して暗闇ではなく、私どものところに明るさは届いているのです。太陽そのものが隠れた夜の暗闇とは、まったく異なっているのです。

私どもは、心に起こす貪りや憎しみなどの煩悩によって、せっかくの「真実信心」を覆ってしまっているわけです。しかし、「真実信心」を見失っているからといって、「真実信心」が私のところに届かなくなっているのかというと、そうではないと、親鸞聖人は教えておられます。雲や霧が覆っていても、雲や霧の下にも明るさは届いているのです。

私どもは、雲や霧がなくなった時、はじめて日光の恩恵を受けるかのように錯覚しますが、実はそうではないのです。雲や霧が立ちこめている時でも、日光の恩恵を受けているのです。煩悩がなくなった時、大慈悲心、つまり「真実信心」に気づかされるのではありません。取り除き難い煩悩にまみれながら、「真実信心」に目覚めることがあるのです。煩悩が決して信心の妨げにはならないということでしょう。

むしろ、日光の輝きによって、雲や霧のありさまが、はっきりと確かめられます。ちょうどそのように、常に私を照護し続ける阿弥陀仏の大慈悲心によって、かえって、貪りや憎しみの心に支配されている自分の実態が、どのようなものであるかを思い知らされるのではないでしょうか。「真実信心」に背を向けている自分の姿が映し出されてくるのではないでしょうか。

そのようなことを、親鸞聖人は、私どもに教えようとなさっているように思うのです。

獲信見敬大慶喜

即横超截五悪趣

読み方

ぎゃくしんけんきょうだいきょうき

そくおうちょうぜつごあくしゅ

書下し

信を獲れば見て敬い大きに慶喜せん、
すなわち横に五悪趣を超截す。

意訳

信心を得た人を見て敬って、大いに喜ぶならば、
ただちに、横跳びに五種の迷いを超えることになる。

大きな喜び

まず「信を獲れば」といわれています。これは申すまでもなく、阿弥陀仏の本願を信ずる信心が得られたならば、ということです。

阿弥陀仏の本願は、多くの人びととともに、この私を悩み苦しみから救ってやりたいと願ってくださる願いです。哀(あわ)れなことに、私は自分がそこまで悩み苦しんでいることにすら、気づいていないようです。眼の前の利害に心を奪われて、自分の思いに合致すれば満足し、そうでなければ、不平不満をいだいて、他を恨むのです。

ところが、そのような私を救いたいと願われる願いが、私の知らないうちに、すでにはたらいているのです。それが本願です。常にはたらき続けている本願のなかに、私は今生活しているのです。

しかも、そのような本願を信ずるということは、私が自分で心に決めて信ずるのではないと教えられています。自分で自分の心に決めることは、「自力のはからい」でしかない、といわれます。私がどれほど誠実に、熱心に信ずるとしても、それは本願を信ずるというよりも、私の都合を信じているに過ぎないのです。まことの「信」は、私が起こすものではなくて、いただくものだと教えられています。

私という人間は何とも情けない生きものであるということ、そしてその私を何としても救ってやりたいという願いが現にはたらいているということ、そのような事実に、ふと気づかされ、しみじみと納得させられること、それが「信を獲る」ということではないでしょうか。

あくまでも誤魔化(ごまか)しでしかない私自身の実態と、そのような私だからこそ、願いが差し向けられているという事実に、心の底から頷(うなず)かされれば、何かが見えてきて、何かを敬う心が私に起こるのだと諭(さと)されているのです。それが「信を獲れば見て敬い」というお言葉です。

それでは、何が見えてきて、何を敬うのかということですが、これについては、いくつかの受けとめ方ができるように思われます。

第一に、阿弥陀仏と、阿弥陀仏が願われているその願いとを、素直な心の眼によって見届けるということです。そうなれば、それが本当にありがたく思われ、阿弥陀仏に心から敬服（けいふく）する以外、私には何もできない、という意味になります。

第二に、私を救いたいと願われる願いが現にはたらいていることに気づかされると、この本願に生きられた七高僧のように、まことの信心を得られた方々のお心がよくよく見えてくる、という意味に理解されます。そうなれば、その方々を敬愛する気持ちが深くなるということになります。

第三に、阿弥陀仏の本願に気づかされると、ますますはっきりと愚かで哀れな自分自身の姿が見えてくるという理解です。そして、このような自分を救うための信心がすでに用意されているという事実を、自分としては敬いの心をもって受け入れるしかない、というように理解されます。

これらの他にもいろいろな理解があるかと思います。正直なところ、親鸞聖人のお心をどのように汲み取ればよいのか私にはわかりませんが、今さしあたっては、第三の理解のように受けとめておきたいと思います。

この私をどうしても導いて救ってやりたいと願ってくださる願いに、自分が包まれていることに気づかされる時に、あらためて見えてくるものは、やはり何もかも自分本位に考えて、どこまでも思い上がっている、何とも情けない自分の姿ではないでしょうか。そのような私であればこそ、私の思いを超えた願いが差し向けられているのです。私はその事実を心底から敬うこと以外には、何もできないのです。その事実におまかせするしかないのです。

そのように、自分の姿を見て本願を敬う身になるならば、それこそが私にとってこの上にない喜び、「大慶喜」となるのだと、親鸞聖人は教えておられると思うのです。そして、その喜びが起こると、深刻な苦悩の状態を一挙に超えていけると教えられています。

苦悩を超える

阿弥陀仏が願っておられる、その願いを敬い、願いを喜べる身になるならば、私どもは、たちまちにしてさまざまな迷いの状態を飛び超えていけるといわれます。そのことを、次の句に「すなわち横に五悪趣を超截す」と詠われているのです。

「五悪趣」は、五道ともいいますが、凡夫が自分の為(な)した心身の行いの結果として趣(おもむ)くところです。地獄・餓鬼(がき)・畜生(ちくしょう)・人(にん)・天(てん)の五趣をいいます。畜生と人との間に阿修羅(あしゅら)を加えて、六趣とか六道ともいいます。

生前中の行いによって、死後に地獄に落ちたり、天上界に生まれかわったりするといわれることがあります。それはもともと、仏教が興る以前の古代インドの宗教が教えていた考え方でありました。それが仏教のなかにも取り入れられてきたものと思われます。

しかし仏教では、生まれかわりの主体と考えられるものを「我(が)」といい、釈尊は「無我」を教えられて、そのような主体の実在を否定されました。釈尊のこの教えからすれば、死後に地獄などに生まれかわるなどということはないわけです。そればかりか、私どもの日常生活の他に、どこか別のところに地獄のような場所などは実在しないことになります。

仏教のなかで、地獄に落ちるとか、畜生に生まれるとか、そのようなことがいわれてきましたのは、人が悪を行わず、善いことをするようにという、教訓的もしくは警告的な意味があったからだと考えられます。しかし、釈尊の教えの基本からすれば、この六道はいずれも、私どもが現在の生涯において、入れ替わり立ち替わり、次々と経験しなければならない苦悩の状態を教えたものであると理解しなければなりません。

それでは、六道の一つ一つをどのように受けとめればよいのでしょうか。試みに、次のように理解してはいかがでしょうか。「地獄」とは、自分の行いの結果として生存中に経験しなければならなくなる耐え難い苦しみの状態です。「餓鬼」というのは、自分が引き起こす貪欲（とんよく）のために、自分自身が苦しまなければならなくなる状態です。「畜生」は、道理に対して無知であるために、互いに争い合い、殺し合って、結果として自分が苦しむことになる、そのような状態です。「阿修羅」というのは、古代のインドでは戦闘をつかさどる鬼神とされていたものでありましたが、今は、自らが起こす怒り憎しみの心によって、かえって自分が傷つき苦しむことになる、その状態のことであると理解することができます。「人」は、人間らしい感情に支配されて思い悩む状態です。「天」は、精神作用の活発な状態で、六道のなかでは最も勝れた状態ではありますが、やはり迷いの状態であることには違いはないのです。

五悪趣といい、六趣といっても、それらは、実体としてどこかに存在するというものではなく、私どもが自分の行為の報いとして日常に経験している苦悩のことであるのです。阿弥陀仏の本願を敬い、本願を喜ぶならば、苦悩の状態を一挙に超えられるのだと親鸞聖人はいわれるのです。

横に超える

私たちは、目の前の喜怒哀楽に気を奪われています。そのために、自分が一体どのような者として今生きているのか、その自分の根本を見失っているようです。そして、そのことによって、さらに喜怒哀楽の情に支配され続けているのです。

そのような私を何とか救ってやりたいと願われている阿弥陀仏の本願が、現に私に対して差し向けられているのだと、釈尊は教えておられます。そして、釈尊の教えに接して、その願いにつくづくと気づかされるならば、願いに対して素直になれる「信」が得られると、親鸞聖人は教えておられます。

願いに素直になると、自分の思いだけを頼りにして、喜怒哀楽に支配されている自分の愚かさが、さらにはっきり「見えて」くるといっておられます。そうすると、私はどうなるのか。

心から、阿弥陀仏の本願を「敬える」ようになり、それはこの上ない大きな

「喜び」となるといわれます。それが「獲信見敬大慶喜」（信を獲れば見て敬い大きに慶喜せん）と詠われている意味でありました。

その願いを敬い、喜べるようになるならば、それは、私どもが日ごろ経験している「五悪趣」といわれる迷いと悩みの状態を一挙に超えることになるのです。そして「五悪趣」の迷妄を断ち切ることになります。そのことを、親鸞聖人は、「即横超截五悪趣」（すなわち横に五悪趣を超截す）と詠っておられるのです。

「超截」は、それを飛び超えて、束縛を断ち切ることです。「即」は「すなわち」と読んでありますが、「即座に」というほどの意味です。本願について「大きに慶喜」するならば、「たちどころに」「五悪趣を超截する」ことになるのです。念仏を心から喜ぶならば、たちどころに、一切の迷い、一切の悩みから解き放たれるということです。念仏を喜ぶことが、そのまま、悩みの解決であるということです。逆にいうと、悩みが解決しないのは、念仏を喜べないからだということになります。

ところで、「横に五悪趣を超截す」とありますが、この「横」と「超」とを合わせた「横超（おうちょう）」という言葉があります。これは親鸞聖人が独特の使い方をなさったお言葉です。「横超」というのは、順序や段階をまったく経ないで、一挙に横っ飛びをすることです。

たとえば、仏に成って一切の人びとを救いたいという志を固めた菩薩は、命がけの修道を延々と重ねて、一段一段と段階を経て、徐々に仏の境地に近づいていくというのが、インド以来の仏教の通常の見方でありました。また、浄土に往生したいと願う者は、そのような善い結果が生ずるための原因となる善業（ぜんごう）を、十分に積み重ねなければならないと見るのが、通常の理解なのです。そのような考え方を親鸞聖人は「竪超（しゅちょう）」といわれます。目標とされる到達点に向かって、順序よく、段階を竪たてに一つ一つ登りつめて行く方法です。

ところが「横超」は、それと違っています。一切の段階を飛び超えて、一挙に目的に達するという見方です。迷いの凡夫が、難題を一つ一つ解決して、徐々に仏の境地に近づくというのではないのです。凡夫が凡夫のままで、仏に成るのです。

本来は、仏でないのを凡夫といい、凡夫でないのを仏というのです。ところが、凡夫が一挙に仏に成るのです。浄土往生にふさわしくない者、往生できるはずのない者が、実は往生するのです。このような不思議なことがどうして起こるのでしょうか。

それは、常に私どもにはたらきかけている阿弥陀仏の本願の力によるのです。私どもの常識では説明のつかない、大慈悲のはたらきによるのです。

先の「竪超」は、自分の力を頼りにしています。自分の努力を信頼しています。しかし、自分の力が信頼できなくなれば、一体どうするのか。「いずれの行もおよびがたき身」は、阿弥陀仏の願いという他力におまかせする以外に、なすすべはないのです。本願力におまかせする時に、「横超」ということが起こると教えておられるのです。

一切善悪凡夫人

聞二信スレハ如来ノ弘誓願ヲ一

仏言ヘリ二広大勝解ノ者ト一

是ノ人ヲ名ク二分陀利華ト一

読み方

いっさいぜんまくぼんぶにん
もんしんにょらいぐぜいがん
ぶつごんこうだいしょうげしゃ
ぜにんみょうふんだりけ

書下し

一切善悪の凡夫人、
如来の弘誓願を聞信すれば、
仏、広大勝解の者と言えり。
この人を分陀利華と名づく。

意訳

一切の善や悪をなす愚かな人びとも、阿弥陀如来の広大な誓願のことを聞いて信ずれば、釈迦仏は、広大なすぐれた理解をもつ人と言われるのである。このような人を白い蓮華と呼ぶのである。

聞信(もんしん)するということ

ここではまず、親鸞聖人は、「一切善悪の凡夫人、如来の弘誓願を聞信すれば、仏、広大勝解の者と言えり」（一切善悪凡夫人　聞信如来弘誓願　仏言広大勝解者）と詠っておられます。

「凡夫人」は短く「凡夫」ともいわれますが、凡夫というのは、聖者(しょうじゃ)でない人のことで、普通の人のことをいいます。私たちは、静かに自分自身の生き方を見つめ直してみると、どう見ても聖者とはいえないのです。だから私たちは凡夫なのです。さらに厳しく自分を見つめる時に、「愚悪(ぐあく)の凡夫」という言い方がなされます。自分は愚かでよろしくない人間だという自覚です。

善人であろうと、悪人であろうと、一切の凡夫人が、その善悪に関係なく、「阿弥陀如来の弘(ひろ)い誓願を聞信するならば」と続けられています。阿弥陀仏は、すべての人びとを救いたいと願っておられます。すべての人びとを救わなければならないと誓っておられるのです。それがここにいわれる誓願です。しかもその誓願は、いつでも、どこでも、はたらき続けているのです。だから「弘い誓願」といわれているわけです。

その誓願は『仏説無量寿経』のなかに四十八願として説き示されています。なかでもその中心となるのが、「念仏往生の願」といわれている第十八願です（真宗聖典18頁）。私どもは、真実を知らないばかりに、迷い続け、悩み苦しみ、不平や不満をつのらせながら日々を過ごしています。そのような、情けない愚かなわれわれを、念仏によってたすけたいと願ってくださっているわけです。しかも、阿弥陀仏が私どもに代わって用意してくださった念仏、すなわち私どもに差し向けられている「南無阿弥陀仏」、それをそのまま素直に受け取ってほしいと願っておられるのです。

そのような願いが、この私に差し向けられているにもかかわらず、いや、そのような願いがはたらく真っ只中（まただなか）に私は生きているにもかかわらず、私は心からそのことに気づいていないのです。そのような願いに気づかせるのが「聞信」ということになります。親鸞聖人以来、ずっと「聞法（もんぽう）」ということが大切にされてきた意味がそこにあると思われます。

法を聞くということは、阿弥陀仏の願われたことについて説き示されるその場所に身を置くということです。気づかずに過ごしてきたことに気づかせてもらえる場所に足を運ぶということです。阿弥陀仏の誓願のことが説かれているのは、『仏説無量寿経』です。だから、阿弥陀仏がどのようなことを、どのようにに願っておられるのかを、私どもに教えておられるのは釈尊なのです。釈尊の教えについて語られることを聴聞すること、それはもちろん聞法でありますす。しかしそれだけではないでしょう。釈尊の教えを伝達することも、実は釈尊の教えを聴聞することになるのです。親鸞聖人が釈尊の説かれた念仏の教えをどれほど喜ばれたのか、それを互いに受けとめ合い、確かめ合う場が、聞法の場なのです。

「聞信」は、聞法して信ずることですが、「信ずる」ということは、疑わないということです。そもそも疑いの心というのは、教えよりも、自分の思いや考えを大切にする時に起こります。だから「信ずる」ということは、何かのために信ずるとか、信ずれば自分はどうなるかとか、そういうことではなくて、「はからいを離れよ」と教えられているように、自分の思いを離れ、教えに対して自分を空しくして謙虚になることではないでしょうか。

そのように、阿弥陀仏の弘い誓願のことを聞信するならば、仏、つまり釈尊は、その人のことを「広大勝解の者」といってくださると教えられています。阿弥陀仏の誓願について聞信しなければならないのは、凡夫人であります。凡夫人であるには違いないのですが、聞いて信ずるということがあるならば、その凡夫人は広く偉大な、勝れた見解をもつ者であると、釈尊はいわれるのです。

分陀利華

阿弥陀仏の本願について教え示された釈尊のお心に触れて疑わないならば、善であろうと悪であろうと、その人は、釈尊が期待してくださった通りの、勝れた了解をもつ人になれるのです。そのような人はまた、「分陀利華」と名づけると、親鸞聖人は詠っておられます。

「分陀利華」というのは、蓮の華のことです。蓮の華のなかでも、とくに白い蓮の華です。白い蓮の華は、インドではプンダリーカと呼ばれていました。中国語にはカタカナやひらがながありませんから、インドの言葉の発音を漢字で写し取って、「分陀利華」という文字があてはめられたのです。

インドには、たくさんの種類の美しい花があることでしょうが、それらの花のなかで、蓮の華がもっとも気高く尊い華とされてきたのです。お寺の本堂やご門徒のお内仏（ないぶつ）などの荘厳（しょうごん）に蓮がデザインされているのも、そのためだと思います。

ここでは、阿弥陀仏の本願の教えを聞信する人は、蓮の華のように尊ばれるという意味になります。『仏説観無量寿経』には、「もし念仏する者は、当（まさ）に知るべし、この人はこれ人中の分陀利華なり」（真宗聖典122頁）と説かれています。

蓮の華はもっとも気高く尊い華なのですが、それでは、その華はどのような所に生育するのかということについて、親鸞聖人は『教行信証』に、『維摩経』というお経から、「高原の陸地には、蓮華を生ぜず。卑湿の淤泥に、いまし蓮華を生ず」（真宗聖典288頁）という経文を引用なさっています。

もっとも尊ばれる蓮の華は、実は、誰もが理想とするような、明るくて風通しのよい、すがすがしい場所に育つのではないのです。そうではなくて、誰からも遠ざけられるような、ジメジメとした泥沼にこそ、蓮の華は咲くのです。一切の汚れに汚されていない真っ白な蓮華は、ドロドロと濁りきった泥沼のなかにしか咲かないのです。何とも不思議な感じがします。

世間の泥にまみれている哀れな凡夫、煩悩にあふれた日常に埋没していて、そこから脱け出そうにも脱け出せない悲しい凡夫、何が人生の最後の依り処なのかがわからず、そのわかっていないことすら、わかっていない愚かな凡夫、そのように情けない凡夫であるからこそ、阿弥陀仏は救いたいと願っておられるのだと教えられています。

私たちの日常は、まさに「卑湿の淤泥」であります。釈尊と親鸞聖人の教えから、そのような我が身のありようをつくづくと思い知らされて、阿弥陀仏から私たちに差し向けられている願いのことをよくよく聞かせてもらい、疑うことなく素直になって信じるならば、その人こそ、泥のなかに咲く白い蓮華であるといわれているのです。何ともありがたいことです。

弥陀仏ノ本願念仏ハ
邪見憍慢悪衆生
信楽受持スルコト甚ダ以テ難シ
難ノ中之難無シレ過タルハレ斯ニ

読み方

みだぶほんがんねんぶ
じゃけんきょうまんあくしゅじょう
しんぎょうじゅじじんになん
なんちゅうしなんむかし

書下し

弥陀仏の本願念仏は、
邪見憍慢の悪衆生、
信楽受持すること、はなはだもって難し。
難の中の難、これに過ぎたるはなし。

意訳

阿弥陀仏の本願による念仏は、よこしまな考えや思い上がりの衆生にとって、信じて願って、それを保つことは、はなはだ困難である。困難なことの中の困難で、これ以上の困難はない。

邪見(じゃけん)・憍慢(きょうまん)

これまで、「依経段」の「弥陀章」「釈迦章」について学んできましたが、前の項でもって「釈迦章」が終わりましたので、これから「依経段」の結びに当たる「結誡(けっかい)」の部分に示されている教えについて確かめていきます。

ここには「弥陀仏本願念仏　邪見憍慢悪衆生　信楽受持甚以難　難中之難無過斯」（弥陀仏の本願念仏は、邪見憍慢の悪衆生、信楽受持すること、はなはだもって難し。難の中の難、これに過ぎたるはなし）と詠われています。

阿弥陀仏は、一切の衆生(しゅじょう)をもれなく救いたいという願いを発(おこ)されました。これが阿弥陀仏の本願です。そして衆生を救いとるために、阿弥陀仏は一切に等しく念仏を施し与えられました。つまり衆生は「南無阿弥陀仏」という名号をいただいているのです。

しかしながら、衆生には、「邪見」があり、「憍慢」の心が常にはたらいています。「邪見」とは、真実に背(そむ)いたよこしまな考え方です。また「憍慢」は、自ら思い上がり、他を見下して満足する心のはたらきです。すなわち衆生は、邪見にとらわれ、自分を思い高めて、阿弥陀仏が願われている願いに背を向けているのです。罪悪深重（ざいあくじんじゅう）の凡夫なのです。

そのような悪衆生にとっては、阿弥陀仏の本願として施し与えられている念仏を素直な思いで受け取らせてもらい、「南無阿弥陀仏」を保ち続けることは、とてもとても困難なことであると、親鸞聖人は教えておられます。

悪衆生が、本願を喜び、念仏をいただくことは、困難なことのなかでも、最も困難なことであって、それ以上の困難はないといっておられます。「邪見」や「憍慢」が妨げとなっているからです。

それはまた、同時に、阿弥陀仏が発された本願が、衆生にとっては容易には信じ難いほどの広い大慈心によるものであることを意味しています。そしてまた、衆生に差し向けられている「南無阿弥陀仏」が、衆生には受けとめきれないほどの深い大悲心によるものであることを意味しているのです。

難の中の難

私たちは道理を見失っていると、釈尊は教えておられます。そして、そのために私たちは、今、現に悩み苦しんでいるのだと、教えておられます。

私たちには、自分が道理に迷っているとか、今悩み苦しんでいるとか、そのような実感は強くないかもしれません。しかし、道理に目覚めた人をブッダ（仏陀）といいますが、その仏陀であられる釈尊が、私たちのありさまを、そのように指摘しておられるのです。

どうやら私たちは、道理とは関係のない、自分の目先のことに、自分の思いを信用してかかわっているに過ぎないのです。また、たとい自分は悩み苦しんでいると感じているとしても、それは、あくまでも道理に気づいていない私たちが感じていることであって、釈尊が指摘しておられる悩み苦しみと同じ質のものであるとは限らないのです。実は、本当に悩み苦しまなければならないこと、現に悩み苦しんでいるはずのこと、それを知らずに迷い続けているわけです。

そのような自分の事実に深く目覚めて、迷いから離れることができればよいのですが、理屈ではそれがわかっていても、現実にはその事実から眼をそらせて暮らしています。それなのに、これでよいのだと思い込んでいます。あるいは、しかたがないのだといいわけをしています。救い難い愚かさというよりほかはありません。

このような私たちを哀れんで、釈尊は『仏説無量寿経』というお経を説いてくださったのです。このお経の題にある「仏」とは釈尊、「無量寿」とは、無量寿仏つまり阿弥陀仏のことですから、『仏説無量寿経』とは、釈尊が阿弥陀仏についてお説きになられたお経、ということになります。

「阿弥陀仏の本願念仏」といわれていますが、『仏説無量寿経』によれば、阿弥陀仏は、愚かで救い難い私たちを何とかして救いたいと願っておられます。そのような私たちだからこそ、救わなければならないと願っておられるのです。この願いが「阿弥陀仏の本願」なのです。

阿弥陀仏は、私たちを深刻な悩み苦しみから救いたいという願いから、私たちに「念仏」を施し与えておられます。私たちには「南無阿弥陀仏」がおくり届けられているわけです。

ところが、私たちは、道理に背いた邪悪な思い（邪見）から離れられていません。そして思い上がって（憍慢）、阿弥陀仏が願ってくださっていることよりも、自分の思いの方を信用して大切にしています。まさに私たちは「邪見憍慢の悪衆生」なのです。

悪衆生にとっては、阿弥陀仏の本願による念仏を「信楽」し「受持する」ことは、甚だ困難なことであると、親鸞聖人は指摘しておられます。

「信楽」は、信じて楽うことです。本願によって念仏が私たちに差し向けられていることを疑わずに素直に信ずること、そして喜んで念仏を楽い求めることです。また「受持」は、受けとめて保つことです。施されている念仏をしっかりといただき、日に日にいただき続けることです。

邪見や憍慢にとりつかれている私たちにとって、本願の念仏を素直に信じて喜ぶことが甚だ困難であり、そればかりか、それは難の中の難であって、斯に過ぎた困難、つまりこれ以上の困難はないと、聖人は教えておられるのです。

そうすると、私たちには、念仏を信ずることは、まったく不可能だということになりますが、実はそうではないのです。そのために、この「依経段」の後に「依釈段」が続きますが、そこには、このような私たちだけれども、むしろ、このような私たちだからこそ、私たちの自力によらない、阿弥陀仏の本願による他力の信心が、私たちに差し向けられているのだという、七高僧の教えを親鸞聖人は述べていかれるわけです。

ただ、「難の中の難、これに過ぎたるはなし」という句は、『仏説無量寿経』の経文（真宗聖典87頁）によると思われますが、お経では、教えにはまれにしか遇えず、遇うことの困難さが説かれています。親鸞聖人は、あえて、経の趣旨とは少し違った文脈でこの句を用いておられるようです。

印度西天之論家
中夏日域之高僧
顯大聖興世正意
明如来本誓応機

読み方

いんどさいてんしろんげ
ちゅうかじちいきしこうそう
けんだいしょうこうせしょうい
みょうにょらいほんぜいおうき

書下し

印度(いんど)・西天(さいてん)の論家(ろんげ)、
中夏(ちゅうか)・日域(じちいき)の高僧(こうそう)、
大聖興世(だいしょうこうせ)の正意(しょうい)を顕(あらわ)し、
如来(にょらい)の本誓(ほんぜい)、機(き)に応(おう)ずることを明(あ)かす。

意訳

インド・西域の論述家や、中国・日本の高僧がたは、釈尊が世に出られた本当の意義を顕(あき)らかにし、阿弥陀如来の誓いが、凡夫(ぼんぶ)の資質に応じていることを明らかにされた。

七高僧（しちこうそう）

邪見・憍慢の私たちには、本願による念仏を信じることは、この上なく困難なことです。そのような私たちだからこそ、何とかして導いてやりたいと、阿弥陀仏ははたらきかけておられるのですが、そのはたらきかけにも、私たちは背を向けているのです。やはり邪見・憍慢によるのです。

そこで、そのような私たちはどうすればよいのか、それを七人の高僧が教えてくださっていると、親鸞聖人は述べておられるのです。それが「依釈段」なのです。

七高僧のお一人お一人の教えが述べられる前に、「総讃」といわれる四句があります。「印度西天之論家　中夏日域之高僧　顕大聖興世正意　明如来本誓応機」（印度・西天の論家、中夏・日域の高僧、大聖興世の正意を顕し、如来の本誓、機に応ぜることを明かす）という偈文（げもん）です。

「印度」は、いうまでもなくインドのことです。また「西天」というのは、中国より西方にあたる天竺（インド）のことです。「論家」というのは、「論」といわれる著作を世に残しておられる人という意味です。

「中夏」は、中国のことで、「夏」は、この場合は大きくて盛んなありさまを表す文字です。中国の人びとは、古くから、自分たちの国に誇りをもっていて、中国こそが世界の中心であり、盛んな国であると考えていました。そういうことから「中夏」という言い方がなされてきたわけです。「日域」は、私たちが住む日本のことです。

インドには、二人の高僧が出られました。龍樹大士と天親菩薩です。中国には、曇鸞大師・道綽禅師・善導大師という三人の高僧がおられました。そして日本には、源信僧都と源空（法然）上人のお二人が出られたのです。

この方々の他にも、念仏の大切さを教えられた先人は何人もおられました。けれども親鸞聖人は、特にこの七人の方々が「大聖」、つまり釈尊が世にお出ましになられた本当のお心を顕かにしてくださったのだと見ておられるのです。そしてまた、阿弥陀如来が発された誓願が、まさしく私たちのような邪見・憍慢の悪衆生を救うのにふさわしい誓願であることを、七高僧は顕かにしてくださっていると教えておられるのです。

信心の伝統

高僧というのは、徳の高い僧ということです。別に名僧という言葉がありますが、中国の仏教界では古くから、高僧と名僧とは厳しく区別されてきました。名僧はよく名の知れた僧ということですが、名僧は必ずしも高僧であるとは限らないのです。世の人びとが生きていくのに、かけがえのない指針を与えてくださっている方、それが高僧です。阿弥陀仏の本願によって与えられている念仏を素直にいただいて生きるしかない、そのことをつくづくと思い知らせてくださった高僧として、親鸞聖人は七人の大先輩を讃えておられるわけです。

「大聖興世の正意を顕し」とありますが、「大聖」とは釈尊のことです。釈尊がこの世間にお出ましになられた、その本当のお心、それが「興世の正意」ということです。釈尊が、この世間に出られた本当の目的は何であったのか、そのことを七人の高僧が顕かにしてくださっているのだと、親鸞聖人は述べておられるわけです。

「釈迦章」のはじめのところに、「如来所以興出世　唯説弥陀本願海」（如来、世に興出したまうゆえは、ただ弥陀本願海を説かんとなり）と詠ってありました。「釈尊がこの世間にお出ましになられたのは、たまたまのことではなくて、ただただ、海のように広大な阿弥陀仏の本願のことをお説きになるためであった」と聖人はいっておられます。

釈尊は、『仏説無量寿経』というお経をお説きになって、阿弥陀仏の本願のことを私たちに教えておられるわけです。釈尊が私たちに何を願って『仏説無量寿経』を説いてくださっているのか、まさにそのことを七高僧は私たちのために顕かにしておられるということです。

次に、「如来の本誓、機に応ずることを明かす」とありますが、この「如来」

は、阿弥陀如来です。「本誓」というのは、どうにもならない凡夫を何としても救いたいと願われた、阿弥陀仏の本願です。そしてその願いが成就しないのであれば、仏には成らないと誓われた誓願のことです。

「機（き）」とは、一人一人の人間のあり方、また、その一人一人の人間の「はたらき」のことをいいます。私たちは、いわば「邪見・憍慢の悪衆生」というあり方をしております。そして「邪見・憍慢の悪衆生」という「はたらき」をもって生きているわけです。

そのようなあり方をしている者であるからこそ、また、そのような「はたらき」をしている者であるからこそ、それを救わねばならないと願われる阿弥陀仏の願いが差し向けられるに相応（ふさわ）しい者なのです。つまり「機」とは、本願の対象となっているという、そのようなあり方をしている者であり、またそのような「はたらき」をしている者のことなのです。

さて、龍樹大士・天親菩薩・曇鸞大師・道綽禅師・善導大師・源信僧都・源空（法然）上人という、七人の高僧は、釈尊が何のためにこの世間にお生まれになってくださったのか、まず、その意味を顕かにしてくださっている方々であるとして、その徳を親鸞聖人は讃えておられるわけです。

そして、親鸞聖人は、まさしくご自分こそが、阿弥陀仏の本願のお目当てであることを、七高僧が顕かにしてくださっていると、喜んでおられるのです。

私たちも、ほかならぬ、自分のような邪見・憍慢の人間こそが、阿弥陀仏の大悲の願いが向けられている者であることに気づかされて、そのことを親鸞聖人のように心から喜べる身になりたいという、そのような気持ちを確かめることが、「正信偈」に託された親鸞聖人のお心に沿うことになるのではないでしょうか。

釈迦如来楞伽山ニシテ
為ニレ衆ノ告命シタマハク南天竺ニ
龍樹大士出テ二於世一
悉ク能ク摧二破セム有無ノ見ヲ一

読み方

しゃかにょらいりょうがせん
いしゅうごうみょうなんてんじく
りゅうじゅだいじしゅっとせ
しつのうざいはうむけん

書下し

釈迦如来(しゃかにょらい)、楞伽山(りょうがせん)にして、
衆(しゅう)のために告命(ごうみょう)したまわく、
南天竺(なんてんじく)に、龍樹大士(りゅうじゅだいじ)世(よ)に出(い)でて、
ことごとく、よく有無(うむ)の見(けん)を摧破(ざいは)せん。

意訳

釈迦如来は楞伽山において、大衆のためにお告げになられた。南インドに、龍樹という菩薩が世に出て、ことごとく、肯定と否定のこだわりを砕(くだ)き破るであろう。

龍樹大士

これから、「依釈段」の「龍樹章」といわれているところに入ります。七高僧の最初の龍樹大士について述べてある部分です。

はじめの「釈迦如来」は、申すまでもなく、釈尊のことです。真実に目覚められたお方を「仏」といいますが、「如来」は、真実（如）から来られたお方という意味ですから、真実に目覚められたうえで、真実でない私たちの世界に真実を伝えに来られたお方であるということになります。仏と如来とは、自ら真実に目覚めた人と、他に真実を伝えようとした人と、そのような言葉の上での意味の違いがあるわけです。

釈尊は、『楞伽経』というお経をお説きになりました。それは、「楞伽山」という山のなかでお説きになったお経とされているものです。伝えられているところによりますと、楞伽山という山は、セイロン島、今のスリランカにある山だということになっておりますが、くわしいことは明らかではありません。

『楞伽経』によりますと、釈尊はその楞伽山におられて、そこで、大慧という名の菩薩をはじめ、多くの人びとに向かって教えを説いておられましたが、そのなかで重要な予告をされるのです。これを専門的には「楞伽懸記」といっています。

釈尊が語られたその予告といいますのは、ずっと後の世に、南天竺、つまり南インドに、龍樹という名の菩薩が出生するであろうということ、そして、その龍樹菩薩は、人びとがこだわっている誤った考え方をことごとく打ち砕くであろうということ、そのような予告だったのです。人びとがこだわる誤った考え方というのは、ものごとを実体として肯定する考え方（有の見）と、ものごとを虚無として否定する考え方（無の見）です。その両方の考え方を、龍樹大士は一挙に粉砕されるであろうと予告されているわけです。

龍樹大士の「大士」というのは「菩薩」のことです。古代のインドの言葉に「ボーディ・サットヴァ・マハー・サットヴァ」という言葉があります。この言葉が中国に伝えられましたが、中国には、これに当たる言葉がなかったのです。そのために、インドの言葉を耳で聞いて、それに最も近い発音の漢字があてはめられたわけです。このような方法を音写（おんしゃ）といっています。中国には、片仮名や平仮名がありませんから、音写するほかはなかったのです。

それで、インドの言葉を「菩提薩埵摩訶薩埵（ぼだいさったまかさった）」と音写したのです。ボーディ（菩提）は「仏の覚り（さと）」、サットヴァ（薩埵）は「生きもの」という意味で、さしあたっては「人」のことです。もとの言葉の前半の「菩提薩埵」は、「仏の覚りを求める人」という意味になりますが、これを短く省略して「菩薩」という言葉にしているわけです。

後の半分の「摩訶薩埵」のマハー（摩訶）は「偉大」という意味で、サットヴァ（薩埵）は先ほどと同じで「人」という意味です。このマハー・サットヴァは、「偉大な人」ということですから、これを中国語にあらためて、「大士」としているのです。

したがって、「菩薩」は、もとのインドの言葉の前半を音写して短くしたもの、「大士」は、もとの言葉の後半を中国語に訳したもの、ということになるわけです。結局、菩薩も大士も、釈尊が教えられた真実を顕かにしようとしておられる立派な人という意味になるのです。

龍樹という人は、西暦一五〇年ごろから二五〇年ごろにかけて、南インドで活躍された人であるとされていますが、年代のくわしいことはわかっておりません。伝説では、この人は、龍に導かれて大乗（だいじょう）の教えを体得された人であり、樹の根元で生まれられた人であったので、「龍樹」と呼ばれるようになったと伝えられています。

この人は、釈尊がお説きになられた「縁起（えんぎ）」という道理を、「空（くう）」という思想によって解明され、また、形式化していた当時の仏教を「大乗」という思想によってよみがえらせた人でありましたので、「菩薩」と仰がれている人なのです。

有無の見

龍樹という人は、二世紀から三世紀にかけて活躍された人です。釈尊の教えを正しく受け継がれた人です。『中論』や『大智度論』など、貴重な著作を残しておられますが、これらの著作によって、どのような考え方をするのが最もよく釈尊のお心にかなうのか、その根本を顕かにしておられるのです。

このため、後に中国や日本の仏教において、「八宗の祖師」といって龍樹大士を崇めてきたのです。八宗というのは、八つの宗派ということではありません。仏教のあらゆる宗旨ということです。仏教全体ということです。釈尊以後に出られた最高の祖師ということなのです。

また龍樹大士は、『十住毘婆沙論』という著作も著されました。ここには、「難行道」と「易行道」という、念仏の教えにとても密接に関係する教えが述べられているのです。親鸞聖人は、このような龍樹大士の教えに出遇われたわけです。

釈尊の予告によりますと、その龍樹大士は、「悉能摧破有無見」（ことごとく、よく有無の見を摧破せん）とありますように、「有」「無」にこだわる邪見を粉砕されるであろうということでした。「有の見」というのは、「常見」ともいいますが、ものの実在に固執する見解です。一方の「無の見」というのは、「断見」ともいいますが、虚無にこだわる見方です。残されている著作によりますと、龍樹大士は、「有見」と「無見」と、この両方の考え方を一挙に払い除いて、事実を事実の通りに受け取ることが大切であると教えておられます。

たとえば、人間が死んでしまっても、霊魂のようなものが実在し続けると考えるのが、「有見」です。それは、凡夫がそのように思い描いているだけであって、事実としてそうなのかどうか、ということとは関係がないのです。また、人が死ねば、まったく滅尽してしまって、無に帰するのだと考えるのが「無見」です。これも、凡夫がそのように勝手に思い込んでいるだけであって、事実とは関係がないことなのです。

いずれも、凡夫が自分の思いを語っているに過ぎません。事柄の事実そのものとは、まったく関係がないのです。

凡夫というのは、煩悩にまみれた愚かなあり方をしているのだと、釈尊は教えておられます。私たち凡夫は、浅はかな知識にたより、限られた経験にもとづいて、自分本位にものごとを判断します。そして、それがあたかも「事実」であるかのように錯覚してしまうのです。要するに、ほしいままに、自分が思いたいように思い込んでいるだけですから、それは「事実」ではないわけです。

実在するのか、実在しないのか、そのようなことよりも、「実在する」とか、「実在しない」とか、そのように自分勝手に思い込んでこだわる、そのような「思い」や「こだわり」から、まずは離れる必要があると、龍樹大士は教えておられるのです。そうでなければ、自分が迷いを深めて混乱するばかりか、他人をも混乱させて苦しませることになると教えられるのです。

釈尊は、「縁起」という教えをお説きになりました。縁起の法は難解ですが、あえて一言でいいますならば、一切のものごとは、互いに他のものごとと関係しつつ成り立つのであるから、それ自体で、単独に成り立つと思うのは誤りである、ということです。しかも、その関係も、縁（条件）次第で、どのようにも変化するということです。

釈尊が説かれた「縁起」の深い内容を、龍樹大士は「空」ということによって顕かにされました。それは、ものごとを固定的に考えたり、実体的に捉えたりして、それにこだわってはならないという教えなのです。ものごとの「事実」は、私たちの知識ではなくて、釈尊が教えられた智慧によって顕かになるということなのです。

宣ニ説シ大乗無上ノ法ヲ一

証ニシテ歓喜地ヲ一生ニセムト安楽ニ一

読み方

せんぜだいじょうむじょうほう

しょうかんぎじしょうあんらく

書下し

大乗無上の法を宣説し、
歓喜地を証して、安楽に生ぜん、と。

意訳

大乗のこの上ない法を述べ伝え、
歓喜地という覚りを得て、安楽浄土に往生するであろう、と。

大乗無上の法

釈尊は、さらに予告を続けられました。それが、今回の二行に詠われている予告です。すなわち、「宣説大乗無上法　証歓喜地生安楽」（大乗無上の法を宣説し、歓喜地を証して、安楽に生ぜん、と）というところです。

龍樹という菩薩は、後の世に、「大乗という、この上になくすぐれた法を述べ伝えるであろう」ということ、そして「歓喜地という覚りを得て、安楽国、すなわち阿弥陀仏の極楽浄土に生まれるであろう」ということ、このような予告だったのです。

龍樹大士は、「大乗」といわれる仏教を大成させた人でありました。そのため大乗仏教に属するあらゆる宗旨（しゅうし）の祖と仰がれている人なのです。「大乗」というのは、「大きな乗り物」ということです。それは「多くの人を誰でも、迷いの状態から、迷いのなくなった状態に導いていける教え」というほどの意味に理解することができます。「大乗」に対して、一方に「小乗（しょうじょう）」という言葉がありますが、それは適切な言い方ではありません。「大乗」という考え方を主張していない伝統的な仏教の考え方をおとしめた言い方だからです。

釈尊がお亡くなりになった後、釈尊が語り残された教えは、それぞれの世代を越えて、仏弟子の間で忠実に受け継がれました。そして、釈尊のお言葉を正確に受けとめようとする懸命（けんめい）の努力が何百年にもわたって積み重ねられてきたのです。

そういうなかで、「大乗」という考え方が起こったのです。それは、釈尊がお亡くなりになって三百年以上も後のこととされています。

釈尊は教えられました。人が生きるには、さまざまな悩み苦しみを経験しなければならないと。そして、そのような苦悩がなぜ起こるのかといえば、それは、真実について無知であり、欲望のために、こだわるべきでない物事にこだわるからだと。だから、苦悩から逃れるためには、その原因である無知や欲望に代表されるさまざまな煩悩から離れなければならないと教えられたのです。

この教えを忠実に受けとめた伝統仏教の人びとは、無知や欲望などの煩悩をなくした阿羅漢という境地に到達することを目指しました。そして命がけの熱心な修行に励んだことでしょう。しかし、ここに重大な問題があります。

釈尊は、三十五歳で仏に成られ、八十歳でお亡くなりになるまで、四十五年間、休む間もなく、人びとに教えを説き続けられたのです。それは、すべての人が迷いから覚めて、真実に沿って安楽に生涯を尽くしてほしいと願われたからでした。釈尊のこのお心と、自分一人の解脱を求める伝統仏教の受けとめ方の間には、大きな隔たりがあるわけです。

そこで、釈尊のみあとを慕い、釈尊のお心に沿って生きようとする人びとが、「どのような人でも乗せていただける大きな乗り物」つまり「大乗」として、釈尊の教えを受けとめ直そうとしたのです。それにともなって、自分一人の解脱を求める伝統仏教の考え方を「小乗」としておとしめたのです。

しかし、小乗との関係によって成り立つ大乗、小乗を排除するような大乗、そのような考え方は、真の「大乗」とはいえないのです。やはり、すべてを包み込めるような「大乗」でなければ、すべての人を救いたいと願われた釈尊のお心に沿わないことになるのです。

そのような「無上の大乗の法」を、龍樹大士は世間に宣説されたというわけです。

歓喜地（かんぎじ）

後半の「証歓喜地生安楽」（歓喜地を証して、安楽に生ぜん）というところですが、「歓喜地」というのは、菩薩が到達される覚りの境地のことです。

そもそも菩薩といいますのは、悩み苦しんでいるすべての人びとを救いたいと願い、そのために自分も仏に成りたいと願って、仏に成るための修行に励む人のことです。菩薩が仏に成るために実践する修行は、六波羅蜜（ろくはらみつ）といいます。布施（ふせ）波羅蜜（完全な施し）・持戒（じかい）波羅蜜（決まりを完全に守ること）・忍辱（にんにく）波羅蜜（完全な忍耐）・精進（しょうじん）波羅蜜（完全な努力）・禅定（ぜんじょう）波羅蜜（心の完全な集中）・般若（はんにゃ）

波羅蜜（完全な智慧）、これらを完成させる修行を六波羅蜜というのです。波羅蜜とは、完全とか完成とかと解釈される言葉です。

はじめてこの志を立てた菩薩を初発心の菩薩といいます。初発心の菩薩が、六波羅蜜の行を開始してから、これが完成して仏の境地に達するまでには、多くの覚りの段階があるとされています。経典によって、この段階の数え方はさまざまですが、古くから、最も整ったものと見られてきたのが、『菩薩瓔珞本業経』というお経に説かれているものです。

このお経によりますと、初発心の菩薩が六波羅蜜の修行を完成させて仏に成るまでには、五十二の菩薩の階位を経なければならないとされています。十信位・十住位・十行位・十廻向位・十地位・等覚位・妙覚位の五十二位です。これらの段階でそれぞれに六波羅蜜の行の中身を深めなければならないとされているのです。

『菩薩瓔珞本業経』に従いますならば、「歓喜地」といいますのは、十地の最初、第一地（初地位）のことです。つまり、下から数えて四十一番目の段階になります。この境地に到達しますと、何が真実であるかということが明確に体得され、間違いなく仏に成れるという確信が得られるといわれているのです。そして、この確信が得られますと、何にもたとえようのない喜びがわき起こってくるので、この境地を「歓喜地」と名づけているというわけです。

しかし、親鸞聖人の本願他力の教えからしますと、「歓喜地」というのは、自らの修行によって到達する境地ではありません。阿弥陀仏の願いによって、自分が間違いなく浄土に往生させてもらえること、そのことを身にしみて喜べるようになれる時、それが「歓喜地を証する」ことになるのです。阿弥陀仏よりたまわっている信心を素直に受け取り、施し与えられている「南無阿弥陀仏」を、一切の迷いや疑い、はからいから離れて、虚心にいただけること、これが「歓喜地」であると聖人は教えておられるのです。

親鸞聖人が、龍樹大士について、「証歓喜地生安楽」（歓喜地を証して、安楽に生ぜん）と詠っておられますのは、龍樹大士が、本願の念仏を心から喜べる身になられたということ、そしてそのことによって、安楽国、すなわち阿弥陀仏の極楽浄土に往生されたのだということ、それを私たちに教えておられるのです。

「正信偈」には、「歓喜」とか「慶喜（きょうき）」とか、喜びの気持ちを表すお言葉が随所に見られますが、それは念仏を喜ばれた親鸞聖人のお気持ちが率直に表明されているからだと思います。真実の教えに触れることは、本当にうれしいことなのだということを教えられているように思うのです。

顕二示シテ難行ノ陸路苦キコトヲ一

信二楽セシム易行ノ水道楽キコトヲ一

読み方

けんじなんぎょうろくろく

しんぎょういぎょうしどうらく

書下し

難行(なんぎょう)の陸路(ろくろ)、苦(くる)しきことを顕示(けんじ)して、
易行(いぎょう)の水道(しいどう)、楽(たの)しきことを信楽(しんぎょう)せしむ。

意訳

龍樹大士は、進むのに困難な陸路は、苦しいことを顕かにし、行くのに易(やさ)しい水路が、楽しいことを信じて願わせてくださった。

難行か易行か

龍樹大士の、『十住毘婆沙論』は、『華厳経』という大きなお経の「十地品」という章の教えを解説した「論」（お経を註釈したもの）です。なお、「十地品」を『華厳経』から独立させて、『十地経』として用いられる場合もあります。『十住毘婆沙論』の「易行品」というところに、「難行道」と「易行道」のことが述べられています。仏道を歩むのに、困難な道と、易しい道と、二つの道があると説かれているのです。「難行道」は、自分の歩く力をたよりにして、けわしい陸路を進もうとする「聖道門」の修行をたとえたものです。一方の「易行道」は、阿弥陀仏の本願という船に乗せてもらって、安楽に浄土往生に導かれるとする「浄土門」の念仏の教えです。

　そのことを親鸞聖人は、「顕示難行陸路苦　信楽易行水道楽」（難行の陸路、苦しきことを顕示して、易行の水道、楽しきことを信楽せしむ）と詠っておられるのです。つまり、龍樹大士は、難行の陸路は苦しみでしかないことを明らかに教え示されて、水路を進むことは易行であって、それは楽しくてうれしいことであることを私たちに信じさせ、私たちにその易行の道を願わせようとしてくださっているのだということです。親鸞聖人は、そのような龍樹大士の徳を讃えて、大士の教えを大切に受けとめるよう私たちに教えておられるというわけです。

おそらく、龍樹大士は、自分の努力によって覚りを得るために、それこそ命がけの修行に励まれたことでしょう。目の前にちらつく世間の快楽と闘い、ややもすれば気力を失いがちな自分の心を奮（ふる）い立たせながら、ひたすら道をきわめようとされたことであろうと思われます。

しかし、励まれれば励まれるほど、自分の力の限界、自分の弱さ、自力を尽くすことの空虚（くうきょ）さ、それを痛切に思い知らされるようになられたのではないでしょうか。その時に、ハッと気づかれたのが、阿弥陀仏の大慈大悲によってはたらきかけてもらっている本願他力の教えのありがたさだったのだと思います。

ですから、難行と易行と、二つの道があって、そのどちらかを選びなさいという教えではないのです。自力難行の行き着く、その絶望の果てには、他力易行の教えしか残っていなかったということを教えておられるのだと思います。

私たちは、「五濁の悪時」といわれる世の中に生きなければなりません。五濁の世においては、時代社会そのものが濁っているのだと教えられています。また五濁の世を生きる人びとの資質も濁りきっていると教えられています。

そのような現実のなかで、人びとは、自らの努力によって平和を実現しようと願いながら、そのために争いを続けています。自分の幸せを求めながら、そのことによって、不安や苛立ちを背負いこんでいます。豊かになろうと努力しているのに、そのために寒々とした心の貧しさに恐れおののいています。

このような時であるからこそ、愚かな凡夫の「はからい」をちょっと横に置いて、この私を何とかして安楽にしてやりたいと願われている願いに謙虚に身をゆだねられるような自分になりたいと思うのです。

憶二念スレハ弥陀仏ノ本願ヲ一

自然ニ即ノ時トキ入ル二必定ニ一

唯能ク常ニ称シテ二如来ノ号ミナヲ一

応レ報シトイヘリス二大悲弘誓ノ恩ヲ一

読み方

おくねんみだぶほんがん
じねんそくじにゅうひつじょう
ゆいのうじょうしょうにょらいごう
おうほうだいひぐぜいおん

書下し

弥陀仏（みだぶつ）の本願（ほんがん）を憶念（おくねん）すれば、
自然（じねん）に即（そく）の時（とき）、必定（ひつじょう）に入（い）る。
ただよく、常（つね）に如来（にょらい）の号（みな）を称（しょう）して、
大悲弘誓（だいひぐぜい）の恩（おん）を報（ほう）ずべし、といえり。

意訳

阿弥陀仏の本願のことを思い続けるならば、おのずと即時に往生が確定する位に入るのである。ただただ常に如来の名号を称（とな）えて、大悲の誓願のご恩に報いなければならない、と教えられた。

如来大悲の恩徳

　これまで見ていただきましたように、龍樹大士は、仏道の歩みには、自力聖道門の難行道と他力浄土門の易行道とがあることを教えられました。

　自分の力をたよりにして、困難な修行に励む聖道門の教えは、苦しみに耐えながら険しい陸路を進むようなものだと教えられました。一方、ひたすら如来の願力におまかせしきって、阿弥陀仏の浄土に導いていただくとする浄土門の教えは、船に身をゆだねて水路を進むようなものだと教えられたのです。

　厳しい自力の修行は、一見、真面目そうで、誠実そうに見えるでしょうが、それは、誰にもできる修行ではありません。できそうもないことをやり抜こうとする時、そこには自己過信の心がはたらきます。つまり思い上がりです。自分を見失ったすがたです。

　自分を正直に見つめるならば、そこには、よこしまで愚かな自分のすがた、間違いを犯してばかりいる自分自身が見出されるわけです。よこしまで愚かな者には、自分の力で覚りに近づくことはできません。間違いを犯す者には、自分の力で浄土に往生するための原因を作ることはできないのです。

しかし、実は、そのような者をこそ、何とか安楽浄土に迎え入れなければならないと願われました。それが、阿弥陀仏の本願なのです。自分なりに、険しい陸路を進もうとしたとしても、邪念を払いのけられない自分は、結局は、船に乗せてもらって水路を行くしかないからです。

そのような阿弥陀仏の本願について、「憶念弥陀仏本願　自然即時入必定」（弥陀仏の本願を憶念すれば、自然に即の時、必定に入る）と、龍樹大士は教えておられます。

「本願」は「もとからあった願い」ということで、私たちには思いも及ばない遠い昔からはたらき続けている「願い」です。「憶念」というのは、いつも心にとどめて忘れないことです。本願のことを理解するというのではなくて、そのような願いがはたらいている事実に心を保ち続けていることです。

「自然」は「自ずから然る」とも読みますが、理屈では説明しきれないけれども、「なぜかそのようになる」ということです。ここでは、阿弥陀仏が願っておられる願いが、私たちにしてみれば、「なぜかそのようになる」としか受けとめられないことを「自然」といっているわけです。「即の時」とありますのは、「ただちに」とか「そのまま」などと理解される言葉です。「必定」は、「かならず浄土に往生して仏に成ることが確定する状態」ということで、「正定」（まさしく確定する）ともいわれます。

この私をたすけてやりたいと願っておられる阿弥陀仏の本願のことを、いつも心にとどめているならば、それがそのまま、私の浄土往生を決定することになると、龍樹大士は教えておられるのです。私には説明はできないけれども、私は間違いなく阿弥陀仏の浄土に往生させてもらえることになっていると、教えておられるのです。

それでは、私たちはどうすればよいのか。これについて、龍樹大士は「唯能常称如来号　応報大悲弘誓恩」（ただよく、常に如来の号を称して、大悲弘誓の恩を報ずべし）と教えておられます。

ただひたすら、阿弥陀仏のお名前を称えるほかはないということ、阿弥陀仏から贈り届けられている「南無阿弥陀仏」という号を虚心に受け取らせてもらうほかはないということです。

私たちは、そのように受け取るべき者としてここに生きているわけです。「南無阿弥陀仏」が素直に私たちの口から発せられること、そのことが、何とかたすけたいと願われる如来の大悲のご恩に報謝することになるのだから、ぜひとも、そのように感謝の思いを保ちながら念仏しなさいと、龍樹大士はすすめてくださっているのです。

親鸞聖人は、「和讃」に、「如来大悲の恩徳は　身を粉にしても報ずべし」と詠っておられます（真宗聖典505頁）。たとい身を粉にしても、感謝しきれないものがあることに、心の底から目覚めなさい、ということです。人は、素直に感謝している時だけが、最も幸福な時なのではないでしょうか。

天親菩薩造リテレ論ヲ説ク
帰二命シタテマツル無碍光如来ニ一

読み方

てんじんぼさぞうろんせ
きみょうむげこうにょらい

書下し

天親菩薩、論を造りて説かく、
無碍光如来に帰命したてまつる。

意訳

天親菩薩は、『浄土論』を造ってお説きになられた、
私は、無碍光如来に帰依いたします、と。

天親菩薩

天親菩薩は、龍樹大士からおおよそ二百年ほど後に、北インドに出られました。西暦四〇〇年ごろに生まれられて、四八〇年ごろに亡くなられたと推定されています。それは、釈尊の時代から数えて、おおよそ八百年ほど後のことです。

「天親」という呼び名の他に、「世親（せしん）」という呼び方もされています。浄土の教えの伝統では、通常「天親」とお呼びしていますが、一般には、どちらかといえば、「世親」という呼び方が多いように思われます。

釈尊がお亡くなりになって、百年ほどしますと、仏教は大きく二つの部派に分かれました。そして時代とともに、さらに分裂が進み、天親菩薩が出られたころには、いくつもの部派が林立（りんりつ）していたのでした。それぞれの部派では、釈尊の教えを誤りなく、正しく伝承するために、教えの緻密（ちみつ）な理論化がそれぞれに進められ、壮大な教義学が発達するようになりました。

天親菩薩は若くして出家され、当時、北インドのカシュミールという地域に栄えた部派に所属され、その部派の学問を究められたと伝えられています。教義の探求に大成功をおさめられ、伝統のあるその部派を代表する学僧になられたのでした。

ところが、伝統仏教を依り処にしておられた天親菩薩は、実兄の無著という人から手厳しく批判されたのでした。そしてお兄さんから説得されて、部派の仏教を捨てて大乗仏教に転向されたのです。

伝統仏教では、自分独りが煩悩から離れて阿羅漢という聖者になることを理想にしておりました。それに対して、お兄さんの無著は、釈尊が願われた通り、すべての人びとと共に、釈尊のような仏（目覚めた人）になることを目標とする、大乗の精神を依り処にしておられたのでした。

天親菩薩は、説得により自信を失い、これまでの非を痛感されたのです。そしてお兄さんから教えを受けて大乗を学ばれました。しかし、天才的な学僧であり、ご自分の実力で教義学の奥義を究めてこられた天親菩薩にしてみれば、これまでとは根本的に異なる大乗の教えによって、釈尊が願われた、その願いをきちんと受け入れることは容易ではありませんでした。また、どれほど深く学んでも、大乗の精神を体現することの困難さを痛感されるばかりだったのです。

そのような挫折のなかで、天親菩薩は、『仏説無量寿経』の教えに出遇われたのです。つまり、自分の実力で仏に成ろうとするのが大乗仏教だと思い込んでおられたのに、実はそうではなくて、阿弥陀仏が願いとされた、本願に素直に身をゆだねることこそが、釈尊が願われたことであり、それこそが大乗であることに気づかれたのでした。

そこで、天親菩薩は、『仏説無量寿経』の教えを自分はどのように受けとめたのか、その大切なところを「論」としてまとめられたのです。それが『浄土論』という著作になったのです。

「正信偈」には、「天親菩薩、論を造りて説かく」とありますが、それは、天親菩薩が浄土の教えに帰して『浄土論』を著されたことを指しています。そして、次の句に「無碍光如来に帰命したてまつる」と詠われていますが、「無碍光如来」というのは「阿弥陀仏」のことですから、『仏説無量寿経』によって阿弥陀仏の本願に目覚められ、本願を依り処にされた天親菩薩の信心の内実が表明されているのです。

浄土論

この『浄土論』は、『仏説無量寿経』にもとづいて説かれたものです。『仏説無量寿経』という時の「仏」は釈尊のことですから、それは「釈尊が無量寿についてお説きになられたお経」つまり「釈尊が阿弥陀仏について説いてくださったお経」ということになります。このお経に説かれた釈尊の教えについて、天親菩薩が独自の解説を加えられたもの、それが『浄土論』なのです。

『浄土論』は、くわしくは『無量寿経優婆提舎願生偈（うばだいしゃがんしょうげ）』といいます。「優婆提舎」は、インドの言葉「ウパデーシャ」の発音を漢字に写し取った言葉で、

「論議」という意味です。『仏説無量寿経』の「論」ということになります。

さらに「願生偈」とありますが、この『浄土論』には、まず、天親菩薩が阿弥陀仏の浄土に生まれたいと願われた、そのお心を「偈」にして述べてあり、その後に、「長行」といわれる散文によって、その「偈」の意味するところを解説してあるのです。したがって往生を願われた「偈」と、その「偈」についての論議とを合わせたものが『無量寿経優婆提舎願生偈』ということになります。

『浄土論』は、私たちが依り処にしております『真宗聖典』（135～145頁）に収載されています。その最初のところに、『無量寿経優婆提舎願生偈』という標題があります。そしてその下に、「婆藪槃頭菩薩造」とあります。これは、「天親菩薩が作られたもの」という意味です。「婆藪槃頭」は、「天親」のことですが、「ヴァスバンドゥ」というインドの言葉を「天親」とか「世親」とか、中国語に訳さないで、発音をそのまま漢字に写して表記したものです。

さて、『浄土論』によりますと、その冒頭に、「世尊我一心　帰命尽十方

無碍光如来　願生安楽国」（世尊、我一心に、尽十方無碍光如来に帰命して、安楽国に生まれんと願ず）という四句があります。「尽十方無碍光如来」は、阿弥陀如来のことです。「帰命尽十方無碍光如来」は、十字の名号とされていますように、「南無阿弥陀仏」のことなのです。「阿弥陀仏に南無したてまつります」ということです。

天親菩薩は『仏説無量寿経』の教えについて論議・解説を加えられるに先立って、まず、「帰敬」のお心を表明されたのです。つまり、どのような気持ちで今から論を進めるのかという、ご自身の基本的な姿勢を明らかにしておられるわけです。

天親菩薩は、まず「世尊」といって、釈尊に向かって呼びかけておられます。そして、「私は心を一つにして、阿弥陀如来に帰命したてまつります。そして私は（釈尊のみ教えにしたがって）阿弥陀仏の極楽浄土に生まれたいと願っております」という、帰依の気持ちを表しておられるのです。

このあたりのことを、親鸞聖人は「正信偈」に「天親菩薩造論説　帰命無碍光如来」（天親菩薩、論を造りて説かく、無碍光如来に帰命したてまつる）と詠っておられるのです。

ここに、お聖教（しょうぎょう）に対する私たちの接し方がはっきりと教示されていると思います。私たちは、ややもすれば、「帰命」の心を抜きにして聖典を扱うことがあります。お聖教の客観的、論理的な読み方も必要だと思いますが、その大前提に「帰命」の心がなければならないと、天親菩薩も親鸞聖人も教えておられるのです。

迷いばかりの凡夫が勝手に作り出した論理や学説のなかに、仏や菩薩のお言葉を引っ張り込んで、都合よくつじつまを合わせたり、判断を加えたりするようなことでは、せっかくの教えをまともに学ぶことなど到底できないということではないでしょうか。

私が勤めておりました学校の教室で、学生が『真宗聖典』を開く前に、いつも聖典を軽く押しいただく様子を見て、本人は何気なくやっていることかもしれませんが、すがすがしく感じさせられるのです。

依テ㆓修多羅ニ㆒顕シテ㆓真実ヲ㆒

光㆓闡ス横超ノ大誓願ヲ㆒

読み方

えしゅたらけんしんじ

こうせんおうちょうだいせいがん

書下し

修多羅に依って真実を顕して、横超の大誓願を光闡す。

意訳

『仏説無量寿経』に依って仏の真実を顕かにして、横跳びに往生させる偉大な誓願を明らかにされた。

真実を顕す

天親菩薩は『浄土論』をお作りになりました。それは『仏説無量寿経』の教えにもとづいて述べられた「論」でありました。

阿弥陀仏の本願を教えてあるのが『仏説無量寿経』ですから、天親菩薩は、本願によって凡夫に施与(せよ)されている念仏こそが真実であることを顕かにされたのです。お経に説かれた真実が、まさしくその通りの真実であることを天親菩薩が顕かにされたのです。そのことを親鸞聖人は「修多羅に依って真実を顕して」と述べておられるのです。

「修多羅」は、インドの「スートラ」という言葉の発音を漢字に写しとったものです。「スートラ」は、織物の縦糸(たていと)を意味する言葉です。漢字の「経」も縦糸を意味しますので、「スートラ」は通常は「経」と訳されるのです。

織物の場合、縦糸が端から端までずっと貫かれていて、それに横糸がからんでさまざまな模様を作り出します。縦糸は表面には出ませんが、一貫して通っていて横糸を支えているわけです。

お経にも、いろいろな言葉があり、さまざまな表現がありますが、それは模様のようなものです。どの経典にも、釈尊が教えようとされた精神が変わることなく貫かれていることから、釈尊の教えを伝える聖典を「経」と呼ぶわけです。

天親菩薩は修多羅に依って真実を顕かにされたのだと、親鸞聖人は教えておられますが、天親菩薩が依られた修多羅、つまりお経とは、『仏説無量寿経』を指しています。したがって、このお経に依って真実を顕かにされたのが『浄土論』なのです。

そして、天親菩薩が顕かにされたその真実とは、この句の直前にありました「帰命無碍光如来」、つまり「南無阿弥陀仏」なのです。「南無阿弥陀仏」という名号（みょうごう）こそが阿弥陀仏から私たちに与えられている真実なのです。決して私が真実であるかどうかを判断するような真実ではないのです。

『浄土論』の冒頭に、天親菩薩は、「我（われ）修多羅、真実功徳（くどく）の相（そう）に依（よ）って」（真宗聖典135頁）と述べておられます。「私は『仏説無量寿経』の真実功徳の相に依って、この「論」を作ります」というほどの意味になります。

「真実功徳の相」というのは、真実のすぐれた徳を具えたものということです。親鸞聖人は、『尊号真像銘文』に「真実功徳相というは、真実功徳は誓願の尊号なり。相はかたちということばなり」（真宗聖典518頁）と述べておられます。つまり「真実功徳」とは、阿弥陀仏の誓願による名号、「南無阿弥陀仏」のことであるとしておられるのです。

「真実功徳」は、真実のすぐれた徳を具えたものですから、誰にとってもなくてはならないものであり、生きていくうえでの究極的な依り処となるものです。その依り処が「南無阿弥陀仏」という名号なのです。その名号が私たちに施されているのですから、「南無阿弥陀仏」をありがたく受けとめて、それを素直にいただくこと、それだけが私たちに残されているわけです。

これに続いて「正信偈」には「光闡横超大誓願」（横超の大誓願を光闡す）と詠ってあります。「光闡」というのは、光り輝かせて明らかにすることです。

「横超」というのは、今は結論的な言い方をしておきますと、それは「他力」ということです。「他力」は阿弥陀仏の本願の力です。「大誓願」は阿弥陀仏の誓願ですから、「本願」ということになります。したがって、「横超の大誓願」は、「他力の本願」ということです。

「南無阿弥陀仏」は、私たちの自我の意志によって称える名号ではなくて、阿弥陀仏が阿弥陀仏の願いとして、私たちに差し向けられている「南無阿弥陀仏」なのです。「南無阿弥陀仏」という六文字の全体が名号として施されているのです。

「修多羅に依って真実を顕して、横超の大誓願を光闡す」とありますが、それは、天親菩薩が、『仏説無量寿経』に依って、「南無阿弥陀仏」が真実であることを顕かにされ、その真実である名号が、他力の本願によるのであることを明らかにされた、ということなのです。

横超の大誓願

親鸞聖人は『愚禿鈔（ぐとくしょう）』という著作を残しておられますが、その著作のなかに先ほど少しふれました「横超」という教えが示されています。一口に仏教というけれども、その内容は四つに分けて見ることが必要であると教えておられるのです（真宗聖典437頁）。

まず仏教の全体を「竪（しゅ）」と「横（おう）」の二種に分けられます。「竪」は、順序次第に従って段階的に一つの方向に進もうとする方法をいいます。つまり、自力・聖道門の仏教です。「横」は、順序段階を経ずに一挙に最終目的を達成しようとする方法です。すなわち他力・浄土門の教えです。

そして「竪」と「横」に、それぞれ「出（しゅつ）」と「超（ちょう）」の二種があるとされています。「出」は、迷いによって生ずる苦悩からの脱出をはかって、やがて覚りの安楽に到達しようとする教えです。一方の「超」は、迷いの身のままに、一挙に覚りの境地に達しようとする教えです。

この「竪」「横」と「出」「超」とをそれぞれに組み合わせますと、四つに分類できるわけです。その第一は「竪出」ですが、永い永い厳しい修行によって徐々に仏の覚りに近づくと教えられている自力・難行道のことです。

第二は「竪超」ですが、強靭（きょうじん）な菩提心（ぼだいしん）によって修行に励み、一挙に仏の覚りを体得するという教えです。これもう一つの自力・難行道です。

第三は「横出」です。これは困難な修行によるのではなく、念仏によって一足飛びに浄土に往生して仏の覚りを得ようとする教えです。他力・易行道です。往生は阿弥陀仏の本願力、すなわち他力によるのですが、この場合は、自力によって他力にすがろうとする教えなのです。つまり自力の念仏です。

第四が「横超」です。これは一切のはからいから離れ、ひたすら『仏説無量寿経』に説かれている阿弥陀仏の本願に帰依して、阿弥陀仏の浄土に往生させていただこうとする教えです。如来よりたまわっている信心、いただいている念仏です。

親鸞聖人は『尊号真像銘文』に「横（おう）はよこさまという、如来の願力なり。他力をもうすなり。超はこえてという。生死の大海をやすくよこさまにこえて、無上大涅槃のさとりをひらくなり」と述べておられます（真宗聖典532頁）。

「横」は「よこさま」ということですが、理屈に合わないことを「横」といいます。煩悩具足の凡夫を一挙に往生させたいと願われる如来の本願は、私たちの理屈に合うものではありません。私たちの理屈からすれば、懸命の修行によってこそ浄土に近づくということになります。

しかし私たちの理屈とは無関係に、迷いの大海を一挙に超えさせて、最高の覚りを得させたいと願われる、それが「横超」ということなのです。そして横さまに一挙に往生させたいと願っておられる、この「横超の大誓願」の意味を天親菩薩が『浄土論』によって顕らかにしてくださったのです。

親鸞聖人は、「邪見憍慢の悪衆生」である凡夫にとって、自分の力によっては何一つ良い結果は得られないと見究めておられます。そのような凡夫であるからこそ、この「横超の大誓願」のことわりを顕らかにしてくださった天親菩薩の教えを喜んでおられるのです。私たちも、何とか、この教えを心から喜べる身になりたいのです。

広ク由テ二本願力ノ回向ニ一

為ニレ度ムカ二群生ヲ一彰アラハス二一心ヲ一

読み方

こうゆほんがんりきえこう

いどぐんじょうしょういっしん

書下し

広(ひろ)く本願力(ほんがんりき)の回向(えこう)に由(よ)って、
群生(ぐんじょう)を度(ど)せんがために、一心(いっしん)を彰(あらわ)す。

意訳

広く阿弥陀仏が差し向けられた本願の力にもとづいて、
衆生を救うために、一心に帰命することを教えられた。

本願による回向

親鸞聖人は、『仏説無量寿経』によって、本願による「南無阿弥陀仏」の真実を顕かにしてくださったのが天親菩薩であると述べておられるのです。また、愚かで、しかも思い上がりが激しい凡夫、そのような凡夫だからこそ、一挙に救い取ろうとしてくださるのが阿弥陀仏の大悲であり、その大悲の誓願のありがたさを、天親菩薩が私どものために顕らかにしてくださったのだと、聖人は教えておられるのです。

さらに親鸞聖人は天親菩薩を讃えられます。「広由本願力回向　為度群生彰一心」（広く本願力の回向に由って、群生を度せんがために、一心を彰す）と詠っておられるのです。

阿弥陀仏の本願の力は「回向」というすがたによって凡夫に及ぼされているのであって、天親菩薩は、その「回向」されている本願に信順しながら、人びとを救いに導くために、まことの信心（一心）の意味を顕かにしてお示しになられたのです。

阿弥陀仏が仏に成られる前、法蔵という名の菩薩であられた時、悩み苦しむ人びとをもれなく救いたいという願いを発（おこ）されました。人びとは、深刻な悩み苦しみの状態にあるにもかかわらず、そのことにすら気づいていないのです。そのような凡夫を救おうとされる願い、それが「本願」です。

「回向」というのは、現代風にいうならば「振り向ける」ということになります。この「回向」の教えの根底には、「自業自得（じごうじとく）」という教えがあります。それは、自らの行い（自業）が原因となって、自らが結果を受け取る（自得）という教えです。「自業自得」という言葉は、失敗したり、病気になったりするような、悪い意味に使われることが多いように思われますが、それは本来の意味ではありません。たとえば、仕事が成功するのも「自業自得」なのです。

ところで「回向」は、自分がなした修行によって生ずるよい結果を自分の覚りのために「振り向ける」ことと解釈されることがあります。しかし浄土の教えでは、意味がまったく違っています。

私たち末世の凡夫にとっては、自分の力では浄土に往生する原因を作れないのです。原因を作れなければ、往生という結果は起こらないわけです。念仏が往生の正因であると教えられておりましても、私が私の思いで念仏することを決定するとしますと、どうしても、自我へのこだわり、自分の都合、場合によっては、打算が付きまとってしまいます。そうすると、本人としては、どれほど誠実なつもりであっても、結局は、阿弥陀仏を念じているのではなくて、自分の都合を念じているに過ぎないことになってしまうのです。そのようなものは念仏とは申せません。

そのようなことは、はじめから明らかなので、それを哀れんで、阿弥陀仏は願いを発されたのです。原因を作れない私に代わって、私の往生の原因を阿弥陀仏が作ってくださり、その結果だけを私に振り向けてくださっているのです。それが本願によって「回向」されている念仏なのです。私には、私に振り向けられた「南無阿弥陀仏」をありがたくいただくことだけが残っているわけです。

よく「先祖に回向する」という言葉を耳にします。うっかり聞きますと、何か善いことのように聞こえますが、はたして、どうなのでしょうか。先祖は善い結果が生ずるような善い原因を作れないので、それを哀れんで、この私が先祖に代わって善い原因を作り、善い結果を先祖に振り向けてあげる、ということになるのではないでしょうか。すでに諸仏に成られたご先祖さまに対して、大変ご無礼な話になるのではないでしょうか。

さて、先ほどの「一心」は、結論的にいえば「信心」ということになります。そこで、天親菩薩は「本願」によって「回向」されている「信心」の意味を私どもに顕かにしてくださっていると、親鸞聖人は喜んでおられるのです。

聖人が、折に触れて「如来よりたまわりたる信心」（真宗聖典629頁）ということを語っておられたことの意味をあらためて思い起こさせていただけるのではないでしょうか。

一心

「為度群生彰一心」（群生を度せんがために、一心を彰す）にいわれている「群生」というのは、「衆生」という言葉とインドの原語は同じで、中国語に翻訳される時の訳し方に違いがあるだけです。「あらゆる生きもの」という意味ですが、さしあたっては人間のことをいいます。つまり凡夫のことです。

次の「度する」というのは、「渡らせる」ということで、苦悩に満ちた状態から、苦悩が解消した状態へ導くことです。迷いの此岸（しがん）から、覚りの彼岸（ひがん）へ渡らせることです。

天親菩薩は、苦悩する一切の凡夫を救いに導くために、「信心」の意味を顕かにしてくださっている、ということです。その「信心」を「一心」という言葉で言い表しておられるのです。

『浄土論』の冒頭に、天親菩薩は「世尊我一心　帰命尽十方　無碍光如来　願生安楽国」（世尊、我一心に、尽十方無碍光如来に帰命して、安楽国に生まれんと願ず）（真宗聖典135頁）と述べて、心のうちに沸き立つ思いを表白しておられます。「世尊よ、私は心を一つにして、阿弥陀仏に帰命して、極楽浄土に生まれたいと願っております」という切なる願いを表明されたのです。

「世尊」とは釈尊のことです。釈尊は『仏説無量寿経』をお説きになられて、阿弥陀仏の本願のことを教えておられるのです。「正信偈」に「如来所以興出世　唯説弥陀本願海」（如来、世に興出したまうゆえは、ただ弥陀本願海を説かんとなり）（真宗聖典204頁）とありますが、これは、釈迦如来がこの世間にお出ましになられたのは理由があることであって、その理由とは何であるのかといえば、それはただただ、阿弥陀仏の海のように広大な本願のことをお説きになるためであったのだ、ということです。

天親菩薩が「世尊よ」と呼びかけておられるのは、本願の真実をお説きになられた釈尊に対して、眼を逸らせることなく、真正面から仰ぎ見る姿勢を示しておられるのです。そして「我」といっておられるのは、釈尊が顕かにしてくださった本願の真実に、きちんと向き合っておられる天親菩薩の自覚を示されたお言葉なのです。

さて「一心」でありますが、これについて、親鸞聖人は、『尊号真像銘文』に「一心というは、教主世尊の御ことのりをふたごころなくうたがいなしとなり。すなわちこれまことの信心なり」（真宗聖典518頁）と説明しておられます。「一心」というのは、釈尊のお言葉に対して、二心なく、また疑わないことであって、それはまことの信心である、と教えておられるのです。親鸞聖人はまた、「一心の華文」という表現によって、天親菩薩が述べられた「一心」という言葉を大切にしておられるのです。

「一心」は「まことの信心」ということであります。「真実信心」であります。その「信心」は凡夫が凡夫の意志で起こす信心でないことは明らかです。親鸞聖人は、これを「如来よりたまわりたる信心」と教えられました。如来の願いとして回向されている信心ですから、誰にとっても平等に及ぼされている信心です。

天親菩薩は、「群生を度せんがために、一心を彰す」と詠っておられる通り、一切の凡夫を導くために、そのような「一心」といわれる「信心」をいただいている意味を顕らかにしてくださったと、親鸞聖人は喜ばれ、讃えておられるのです。

帰㆓入スレハ功徳大宝海ニ㆒
必獲ウ㆑入コトヲ㆓大会衆ノ数ニ㆒

読み方

きにゅうくどくだいほうかい
ひつぎゃくにゅうだいえしゅしゅ

書下し

功徳大宝海に帰入すれば、
必ず大会衆の数に入ることを獲。

意訳

仏の功徳という広大な宝の海に立ち戻れば、
必ず浄土の人びとの仲間に入ることができる、と。

大会衆の数に入る

天親菩薩は、次に「帰入功徳大宝海　必獲入大会衆数」（功徳大宝海に帰入すれば、必ず大会衆の数に入ることを獲）と教えておられます。すなわち、私たちが功徳の大宝海に帰入するならば、必ず大会衆の数に入ることができるといわれるのです。

「功徳」というのは、善い行いを原因として生ずる善い結果を意味します。一般には、自分が実行する修行によって、自分が覚りに近づくという功徳が得られる、と理解されています。つまり、自分が善い原因を作り、それによって生ずる善い結果を自分が受け取るのです。

しかし、本願他力の教えからしますと、意味がまったく異なります。私たちが自分で善い原因を作るのではないのです。私たちには作れないのです。善い原因は阿弥陀仏がお作りになっているのです。そして阿弥陀仏がお作りになっているその原因によって、善い結果が生じますが、その善い結果は、阿弥陀仏が受け取られるのではなくて、私たちがいただいているのです。

この私を何とか救ってやりたいと願われる阿弥陀仏の願いが原因となります。そして、その原因によって生ずる善い結果、つまり功徳が私に与えられているわけです。その功徳は「南無阿弥陀仏」という名号として与えられているのです。

「功徳大宝海」というのは、天親菩薩の『浄土論』の偈文（げもん）にあるお言葉です（真宗聖典137頁）。功徳である名号は、私たちにとっては、この上ない偉大な宝物です。しかも、宝物である名号の功徳は、あふれるばかりの水をたたえた海のように、私たちの身に満ちあふれていますので、これを親鸞聖人は、「功徳大宝海」という天親菩薩のお言葉を掲げて喜んでおられるわけです。つまり、「帰入」しておられるのです。

「帰入」は「帰依（きえ）」と「回入（えにゅう）」とを一つにした言葉です。最も大切にすべきものを心から敬い、まかせきって、最後の依り処とすること、それを「帰依」といいます。自力のはからいから心を回（めぐ）らせて、本願という他力に心身をゆだねることを「回入」といいます。

さて、自我のはからいから離れて、私たちに与えられている功徳としての名号、「南無阿弥陀仏」にこの身をおまかせするならば、「必獲入大会衆数」とありますように、必ず大会衆の数に入ることができると教えられているのです。これも親鸞聖人は、天親菩薩の『浄土論』（真宗聖典144頁）のお言葉を用いておられるわけです。

「大会」はこの場合、阿弥陀仏が極楽浄土で、今、現に説法しておられる会座をいいます。『仏説阿弥陀経』に「今現在説法」（いま現にましまして法を説きたまう）（真宗聖典126頁）と説かれていますが、その法座のことです。

阿弥陀仏の浄土に往生して、その説法に参集している多数の菩薩を「衆」といっています。つまり、私たちが「南無阿弥陀仏」を依り処にするならば、すでに浄土に往生して阿弥陀仏の説法を聴聞している人びとの数に入ることになるということです。ということは、すでに往生している人びとの仲間に必ず入るということですから、今、この身のままに、功徳の名号によって往生が確定するということになるのです。

なぜ「必ず」なのか。それは、私たちが阿弥陀仏の極楽浄土にすでに往生している人びとと同じになることが、阿弥陀仏の願っておられることだからです。凡夫の願いやもくろみならば、条件次第でどうなるかわかりません。「必ず」などとはいえないのです。けれども、本願は唯一絶待（ぜったい）の真実です。真実は、どのような条件にも左右されることがないのです。

得ウレハレ至コトヲ二蓮華蔵世界ニ一

即証セシムト二真如法性ノ身ヲ一

読み方

とくしれんげぞうせかい
そくしょうしんにょほっしょうしん

書下し

蓮華蔵世界に至ることを得れば、
すなわち真如法性の身を証せしむと。

意訳

蓮華蔵世界、すなわち極楽浄土に至ることができれば、
ただちに「真実そのもの」という身であることが証明される、
と。

往生成仏

天親菩薩は、これまで見ていただきましたように「功徳大宝海に帰入すれば、必ず大会衆の数に入ることを獲」（帰入功徳大宝海　必獲入大会衆数）と教えておられました。

阿弥陀仏は、どのような人であろうと、一切の人びとを救いたいと願ってくださっています。その願いによって生じている結果が「功徳」なのですが、その功徳が「南無阿弥陀仏」という名号として、すべての人びとに施し与えられているわけです。また、その「南無阿弥陀仏」が、大いなる宝物を蓄えていて、私たちに本当の恵みをもたらす海に喩えられているのです。

あとは、私たちが、すでに与えられている「南無阿弥陀仏」に帰順するのかどうか、宝の海に入ろうとしているのかどうか、そのことだけが私たちに残されている問題なのです。

浅はかな自分の思いへのこだわりから離れて、与えられている功徳としての名号、「南無阿弥陀仏」に、この身をおまかせするならば、すでに阿弥陀仏の浄土に往生している人びとの仲間に必ず入ることができると、天親菩薩は教えておられます。つまり、「南無阿弥陀仏」によって、今、この身のままに、浄土往生が確定するのだと教えておられるのです。

浄土に往生するということは、どのようなことであるのか、これについて、天親菩薩は、「得至蓮華蔵世界　即証真如法性身」（蓮華蔵世界に至ることを得れば、すなわち真如法性の身を証せしむと）と教えておられるのです。

「蓮華蔵世界」といいますのは、もとは『華厳経』というお経に説かれている浄土のことなのですが、ここでは、親鸞聖人は『仏説阿弥陀経』に説かれる阿弥陀仏の極楽浄土のことをこのように呼んでおられるわけです。それは「蓮華」のような徳をそなえた阿弥陀仏の浄土ということです。

『維摩経』というお経に、大変よく知られている一節があります。前にも紹介しましたが、「高原の陸地には、蓮華を生ぜず。卑湿の淤泥に、いまし蓮華を生ず」というものです。これは、親鸞聖人の『教行信証』にも引用されている経文です（真宗聖典288頁）。

白い蓮の華は、多くの華のなかで最も尊ばれている華です。その蓮華は、誰もが理想とするような、すがすがしい高原には生じないというのです。そのような所ではなくて、誰もが避けたくなるような、卑しくてじめじめとした泥沼にこそ、この最も尊ばれる蓮華は生ずるのだ、ということです。

阿弥陀仏の浄土は清らかな世界なのですから、それは、私たちが住むこの穢土とは無関係な世界のように受け取れます。しかし、実はそうではないのです。この穢土において、さまざまな煩悩に汚されきっている私たちこそが迎え入れられる世界なのです。

このようにして、私たちが「蓮華蔵世界」、つまり阿弥陀仏の浄土に往生すると、どのようなことになるのか。それについて、天親菩薩は、「すなわち真如法性の身を証せしむ」と教えられています。

「すなわち」は即座ということです。「真如」は「真実」、「法性」は「真実の本性」を言い表す言葉です。「真実」というものがどこかにあるのではなく、この世界の本当のすがたが「真実」なのです。しかしそれは、自我の意識に曇らされている私たちの思慮では捉えきれないのです。

言葉や文字で「真実」と表現してしまうと、それは私たちの思慮のなかに取り込んだ「真実」でしかなくなり、もはやそれは「真実そのもの」ではなくなるのです。この「真実そのもの」のことを、「真如」といい、また「法性」というのです。

その「真如」「法性」を「証する」というのは、「真実そのもの」に目覚めるということですから、それは仏の覚りを意味することになります。つまり「真如法性を証する」ということは、仏に成るということなのです。

阿弥陀仏の功徳として与えられている名号に帰依するならば、この身のままで、浄土に往生している人びとの仲間に入らせていただくことになり、そして浄土に往生すれば、直ちに仏に成ることができるのだと、天親菩薩は教えておられるのです。

遊テ二煩悩ノ林ニ一現シ二神通ヲ一

入テ二生死ノ園ニ一示二応化ヲ一ストイヘリ

読み方

ゆぼんのうりんげんじんづう

にゅうしょうじおんじおうげ

書下し

煩悩の林に遊びて神通を現じ、
生死の園に入りて応化を示す、といえり。

意訳

煩悩の盛んな世界にいながら、自由に不思議なはたらきを現し、
迷いの世界に入って人びとを教化するのだ、と教えられた。

往生人のこころ

天親菩薩は、まず、一切の人びとに本当の安らぎをもたらすために、阿弥陀仏の願いとして私たちに差し向けられている「一心」の意味を顕かにされたのでした。「広由本願力回向　為度群生彰一心」（広く本願力の回向に由って、群生を度せんが為に一心を彰す）と詠われているところです。

親鸞聖人は、この「一心」は「信心」のことであると教えておられます。何とかして私たちをたすけたいと願われるために、阿弥陀仏は「信心」を私たちに与えてくださっているというわけです。

この「信心」によって、私たちがどうなるのか、それについての天親菩薩の教えを、親鸞聖人は、三つの点に要約しておられるのです。

第一は、「帰入功徳大宝海　必獲入大会衆数」（功徳大宝海に帰入すれば、必ず大会衆の数に入ることを獲）ということです。

与えられている「信心」によって、功徳としての名号、すなわち「南無阿弥陀仏」にすべてをおまかせするならば、すでに浄土に往生し、現に阿弥陀仏のみもとで説法を聴聞（ちょうもん）している人びとの仲間に必ず入ることになるといわれるのです。

つまり「信心」によって、今、この身のままに必ず浄土に往生することが確定するのだと教えておられるのです。往生の確定は、死後のことでもなければ、遠い未来のことでもなくて、今のこの生涯のうちに起こることであるとされるのです。

第二には、「得至蓮華蔵世界　即証真如法性身」（蓮華蔵世界に至ることを得れば、すなわち真如法性の身を証せしむ）という教えです。

蓮華蔵世界に至るというのは、阿弥陀仏の浄土に往生することです。また、真如法性の身を証するというのは、一言でいえば、仏に成るということです。したがって、「信心」によって、私たちは、間違いなく浄土に至ることができて、必ず仏に成るのだと教えられるのです。

往生にしても、成仏にしても、それは死後のことのようにも受け取れます。

けれども、浄土往生ということは、私たちの自我へのこだわりによって汚されているこの世界（穢土）が、「信心」によって、浄化された世界になることなのです。つまり、往生とは、私が生まれるという意味でもありますが、同時に、私が住んでいる世界が、清らかな世界になるということでもあるのです。「土」（世界）は私たちの生活の場です。そうすると、「信心」によって、穢土が浄化されて浄土になるということは、私たちの生活が、阿弥陀仏の願われている通りに浄化された生活になるということでもあるのです。

第三の教えが、今回の「遊煩悩林現神通　入生死園示応化」（煩悩の林に遊びて神通を現じ、生死の園に入りて応化を示す）ということです。「煩悩」は、私たちの身体を煩わせ、心を悩ませるものです。「神通」は、仏や菩薩が人びとを救うために用いられるすぐれた力です。「生死」は、道理から外れて限りなく迷いつづけている状態です。「応化」は、仏や菩薩が人びとの救いのために、それぞれの人の状況にふさわしいはたらきかけをされることです。

ここには、浄土に往生した人のあり方が示されています。浄土に往生した人は、浄土にとどまるだけではなく、あたかも密林のように煩悩がはびこる世界に自由に出入りし、迷いに満ちた園林にあえて入り込んで、そこで苦悩する人びとに応じたはたらきかけをすることになるというのです。他の人びとを導くことを含めて、それが実は往生した人にとっての往生ということであると教えられているのです。

与えられている「信心」を私たちは素直に受け取るのです。そのことによって、私たちの生活は阿弥陀仏の願ってくださっている通りに浄化されます。しかし、浄化されるということは、他の誰にも阿弥陀仏の願いが向けられている事実を、ともに喜べるように、人びとにはたらきかけをすることを同時に含んでいるのだと、天親菩薩は教えておられるというわけです。

本師曇鸞ハ梁ノ天子

常ニ向フテ二鸞ノ処ニ一菩薩ト礼シタテマツル

読み方

ほんじどんらんりょうてんし

じょうこうらんしょぼさらい

書下し

本師、曇鸞は、梁の天子
常に鸞のところに向こうて菩薩と礼したてまつる。

意訳

わたしたちの祖師、曇鸞大師には、梁の皇帝が、
常に曇鸞大師に向かって菩薩に対するように礼拝していた。

曇鸞大師

これまで、「依釈段」のうちの、インドの龍樹大士と天親菩薩、このお二人について述べてある部分を見ていただきました。これから、中国の方々について見ていただくことになります。その最初が、曇鸞大師です。

曇鸞大師（四七六～五四二）は、人生の深い悩みのなかで、若くして出家されました。大師は、広く仏教を学ばれましたが、仏教の聖典ばかりではなく、中国の儒教や道家の教えをも広く深く学ばれたのでした。曇鸞というお名前は、釈尊の家系の姓である瞿曇（くどん）（ゴータマ）から下の文字の「曇」をもらわれ、それに中国で古くからめでたい鳥とされてきた「鸞」をつけ加えたものであると伝えられています。

曇鸞大師が仏教を学びはじめられたころ、中国では、インドの龍樹大士の教えが盛んに研究されていました。その百年近く前に、龍樹大士が書き残された『中論』『十二門論（じゅうにもんろん）』『大智度論』と、龍樹大士の直弟子の聖提婆（しょうだいば）が書いた『百（ひゃく）

論』が中国語に翻訳されていたのでした。これら四つの論は、いずれも「大乗」の精神を高らかにかかげ、その精神の根幹となる「空」の思想を大成させたものです。

「大乗」というのは、「偉大な教え」ということで、一言でいうと、他の人びとが救われることが、自らの救いとなるという教えです。また「空」というのは、あらゆるものごとへのこだわりから離れるということです。

もっぱらこの四つの論を依り処として仏教を学ぶ人びとの集まりを「四論宗」といいますが、曇鸞大師はこの四論宗に属して、大変すぐれた学僧として広く尊敬されておられたのです。この場合の「宗」は、今の「宗派」という意味ではなくて、「学派」というほどの意味に使われていた言葉です。

その当時の中国は、約百七十年にわたって南北に分断されていました。北から侵入してきた異民族が北方を支配し、南に逃れた漢民族が南方に王朝をたてていたのです。

曇鸞大師は北方の北魏という国におられたのですが、その学僧としての名声は、遠く南の人びとにも知られていたのです。

そのころ、南には梁（りょう）という国が栄えていました。文学や芸術など、文化の面では北方とは比べものにならないほど発展していたのです。梁の皇帝の武帝（ぶてい）（五〇二～五四九在位）は、仏教を手厚く保護するとともに、自らも熱心に仏教を学んだ人だったのです。そして、遠く北魏におられる曇鸞大師を深く敬っていたのです。

このあたりのことを、親鸞聖人は、「正信偈」に「本師曇鸞梁天子　常向鸞処菩薩礼」（本師、曇鸞は、梁の天子、常に鸞のところに向こうて菩薩と礼したてまつる）と述べておられるわけです。

すなわち「私たちの師である曇鸞大師の場合、南の梁の天子である武帝が、いつも、曇鸞大師がおられる北方に向かって、曇鸞大師を菩薩として敬って拝んでいた」ということです。

三蔵流支授ニサツケシカハ浄教ヲ一

焚ホムニ焼シテ仙経ヲ一帰シタマヒキニ楽邦ニ一

読み方

さんぞうるしじゅじょうきょう

ぼんしょうせんぎょうきらくほう

書下し

三蔵流支（さんぞうるし）、浄教（じょうきょう）を授（さず）けしかば、
仙経（せんぎょう）を焚焼（ぼんしょう）して楽邦（らくほう）に帰（き）したまいき。

意訳

菩提（ぼだい）流支三蔵が、浄土の教えを授けられたので、曇鸞大師は仙術の経を焼き捨てて、極楽浄土の教えに帰依された。

浄土の教えに帰す

曇鸞大師は、中国の人びとに仏教の大切な教えを正しく伝えなければならないという使命を強く感じられたのです。このため、志を立てられて、『大集経（だいじっきょう）』という、六十巻もある大きな、そして難解なお経の註釈の作成に取りかかられたのでした。

ところが、あまりにも厳しく精を出して研究に打ち込まれたためか、病にかかられ、註釈の仕事を中断せざるを得なくなられたのです。この時、大師はすでに五十歳を越えておられました。大師は、仏法に対しても、また教えを学ぼうとしている中国の人びとに対しても、本当に申しわけない気持ちを強くもたれたのです。

そこで、広大な仏法をきわめ、また『大集経』の註釈を完成させるには、健康な心身と長寿を得なければならないと大師は痛感されたのです。このため、まず神仙（しんせん）の術を学ぼうと心に決められました。

当時、南方に、道教という宗教の指導者で、陶弘景という人がおりました。この人は、医学や薬学の大家でもあり、長寿の秘訣を教える仙人として有名だったのです。中国の北方におられた曇鸞大師は、はるばる南の陶弘景の所に趣いて、長生不老の術を学ばれたのでした。

やがて大師は、十巻からなる仙経、すなわち長生不老の術を説いてある道教の経典を陶弘景から授けてもらい、喜び勇んで北へ帰られたのです。途中、都の洛陽に立ち寄られました。都には、ちょうどインドから三蔵法師の菩提流支という僧が来ていて、お経の翻訳をしながら、中国の僧侶を教導していたのです。

三蔵法師というのは、経蔵と律蔵と論蔵の三蔵を深く学び、それについて指導する僧のことです。「蔵」は「集めたもの」という意味で、経蔵はお経を集めたもの、律蔵は戒律についての文章を集めたもの、論蔵はインドで作られたお経の註釈を集めたものです。

曇鸞大師は、三蔵法師の菩提流支にお会いになりました。そして、誇らしげに、自分は長生不老の術を学んできたばかりであることを告げられたのです。そして、インドにこのような術はあるのかと尋ねられたのです。すると、菩提流支三蔵は、唾を吐き捨てて「何という愚かなことだ」とばかりに、叱りつけたのです。そして、『仏説観無量寿経』を授けて、阿弥陀仏と「無量寿」（長さに関係のないいのち）について教えたのでした。

曇鸞大師は、この教えに触れられて、長生不老などというものは、愚かな欲望に過ぎないことに気づかれたのです。そして「こんなものがあるから、人は愚かな迷いを繰り返すのだ」とばかりに、大切にしておられた仙経を惜しげもなく焼き捨ててしまわれたのです。

大師は、いのちを我がものと思い込んで、その安泰を願っていた愚かさに気づかれたのでしょう。たとえ、百年や二百年の長寿を得たとしても、人はやがては死を迎えなければなりません。人は、不思議な縁によってこの世に生を享け、また、さまざまな縁に恵まれて生存するのです。そして、その縁が尽きれば、悲しいことではあっても、この世から去らなければならないのです。

曇鸞大師は、菩提流支三蔵から授けられた『仏説観無量寿経』によって、無量寿ということ、量と関係のない「いのち」のはたらき、そのことに気づかれたのでした。そして、無量寿仏、すなわち阿弥陀仏を念ずる念仏によって浄土に往生する信心を得られたのでした。

そのあたりのことを親鸞聖人は「正信偈」に、「三蔵流支授浄教　焚焼仙経帰楽邦」（三蔵流支、浄教を授けしかば、仙経を焚焼して楽邦に帰したまいき）と詠っておられるのです。すなわち、菩提流支三蔵が浄土の教えを授けられたので、曇鸞大師は、長生不老を教える仙経を焼き捨てて、楽邦、つまり阿弥陀仏の安楽浄土に往生する教えに帰依されることになられた、ということなのです。

天親菩薩ノ論註(チュ)解シテ

報土ノ因果顕ス二誓願ニ一

読み方

てんじんぼさろんちゅうげ

ほうどいんがけんせいがん

書下し

天親菩薩の『論』、註解して、
報土の因果、誓願に顕す。

意訳

天親菩薩の『浄土論』に対する註解を作って、
往生の原因と結果は、如来の誓願によることを顕かにされた。

本願他力の伝統

曇鸞大師が出会われた菩提流支三蔵は、インドの天親菩薩が書かれた『浄土論』を中国語に翻訳されました。そして曇鸞大師が、その註釈をお作りになったのです。

『浄土論』というのは、実は『仏説無量寿経』を註釈したものです。天親菩薩を紹介する箇所で見ていただきましたように、天親菩薩は、自らの力によって覚りを得ようとするのは誤りであって、阿弥陀仏がすべての人を浄土に迎え入れたいと願われた「本願」に率直に身をゆだねることこそが真実であることに気づかれたのでした。そのために、釈尊が阿弥陀仏の本願のことをお説きになった『仏説無量寿経』に対して註釈を施されたのでした。

その『浄土論』に対して、今度は、曇鸞大師が註釈をお作りになりました。これが『浄土論註』です。つまりそれは、『仏説無量寿経』の註釈の註釈ということになります。これについて、親鸞聖人は「天親菩薩の『論』、註解して」

（天親菩薩論註解）と述べておられるわけです。

かつて龍樹大士が、仏道には難行道（難しい方法）と易行道（やさしい方法）とがあると教えられましたが、天親菩薩の『浄土論』こそが、誰もが浄土に往生することができるとする易行道を勧めたものと、曇鸞大師は讃えておられるのです。そして、阿弥陀仏の本願に随順（ずいじゅん）する他力の信心を顕かにされたのが天親菩薩であると説いておられるのです。

人は、自らが起こす煩悩によって、自らを悩ませ、苦しめています。しかも、悩み苦しみの原因が、自らが起こす煩悩にあることすらわかっていないのです。さらにまた、自分が現にそれほどにまで悩み苦しむ状態にあることにも気づいていないのです。目先の快楽に眼を奪われているからです。

釈尊は、このような私たちを哀れんで『仏説無量寿経』をお説きになられました。そのような者こそをたすけようとされているのが阿弥陀仏の本願であることを教えられたのです。

釈尊がお説きになられた阿弥陀仏の本願他力の教えをさらに顕かにされたの

が天親菩薩でありました。そして本願についての天親菩薩の教えをさらに明確にされたのが、曇鸞大師だったのです。

親鸞聖人は、釈尊と天親菩薩と曇鸞大師とが説き示された本願の伝統に、ご自分の位置を見定められて、自ら「釈親鸞」と名乗られたのです。

さて、親鸞聖人は、曇鸞大師のことを「報土の因果、誓願に顕す」（報土因果顕誓願）と讃えておられます。報土の因も果も、どちらも阿弥陀仏の誓願によることであることを、曇鸞大師が顕かにされた、といわれるのです。

報土とは、阿弥陀仏の浄土のことです。阿弥陀仏の浄土は、阿弥陀仏の本願が成就した世界です。願いが報いられた国土なのです。

阿弥陀仏の浄土が開設されることになった原因も、すでに開設されているという結果も、また、私たちが浄土に往生することになる原因も、また往生するという結果も、すべて阿弥陀仏の誓願によることなのです。

阿弥陀仏が仏に成られる前は、法蔵という名の菩薩であられました。その時、法蔵菩薩は、自分の力では往生できるはずのない人が往生できる浄土を建立したいと願われました。そして、もしその願いが実現しないのであれば、自分は仏には成らないという誓いを立てられたのです。その法蔵菩薩が阿弥陀仏に成られたのです。ということは、願いと誓いがすべて報いられていることを意味しています。

凡夫の往生は、他の理由によるのではなく、ひとえに阿弥陀仏の大慈悲心である誓願によることなのです。その本願のはたらきを「他力」として顕かにしてくださったのが曇鸞大師なのです。

往還ノ回向ハ由ル二他力ニ一

正定之因ハ唯信心ナリ

読み方

おうげんえこうゆたりき

しょうじょうしいんゆいしんじん

書下し

往・還の回向は他力に由る。
正定の因はただ信心なり。

意訳

往相も還相も回向はいずれも阿弥陀仏の本願力である他力によ
る。
往生が確定する因は、ただただ信心である。

往相の回向と還相の回向

また、曇鸞大師は、親鸞聖人が「往・還の回向は他力に由る」（往還回向由他力）と詠っておられます通り、「往相の回向」と「還相の回向」という、二種の回向についても教えておられるのです。

私たち凡夫が阿弥陀仏の浄土に往生することを「往相」といいます。そして浄土に往生した人が、迷いのこの世間に対してはたらきかけることを「還相」というのです。すなわち、「往相」は、穢土から浄土に往くすがたです。これに対して「還相」は、浄土から穢土に還るすがたなのです。

人が穢土から離れて浄土に往生するということは、「自利」（自ら利すること）の成就です。しかし「自利」の成就を果たすだけでは仏教とはいえないのです。「利他」（他を利すること）がなければならないからです。他の人びとが浄土に往生できるよう、穢土の人びとへのはたらきかけがなければならないのです。つまり、自分が受け取る利益と、他の人が受け取る利益とが一つになること、それが仏教の根本の精神なのです。

そもそも釈尊は、覚りを得て仏に成られましたが、ご自分の覚りの境地に安住されることなく、世間の迷いの人びとのところに出向いて教えをお説きになり、人びとを覚りに導こうとされました。ここに「自利利他」が一つになった仏教の根本が示されているのです。

このようなことから、「往相」と「還相」とが一つのこととして大切であるとしても、私たち凡夫にしてみれば、自分の力では「往相」はもとより、「還相」も不可能なことです。私たちは、自分の往生の原因は自分では作れないのです。まして、自分の力でこの世間へのはたらきかけなどはとうてい不可能です。

「往・還の回向」といわれています通り、「往相」も「還相」も、ともに阿弥陀仏の「回向」によることなのです。「回向」というのは、「振り向ける」という意味で、原因を作れない私たちに代わって、阿弥陀仏が原因を作ってくださり、その原因によって生ずる結果だけを私たちに振り向けてくださっているのです。

曇鸞大師は、この「往相回向」も「還相回向」も、ともに私たちの自力によるのではなくて、「他力に由る」（由他力）と教えておられます。「他力」は、私たちが期待するとか、期待しないとか、そういうことにはまったくかかわりなく、一方的に私たちに差し向けられている阿弥陀仏の願いによることなのです。これを「本願力」といわれます。

本願力の回向によって、私たちに「往相」と「還相」とが実現するということは、とりもなおさず、私たちが浄土に往生して仏に成るということを意味します。それでは「往相回向」と「還相回向」とは、どのようにして私たちに実現するのでしょうか。

それについて、曇鸞大師は、「正定の因はただ信心なり」（正定之因唯信心）と説き明かしておられます。すなわち、間違いなく浄土に往生して仏に成ることが確定するのは、それは、ただただ「信心」によることであると教えておられます。しかもその「信心」は、自力の信心ではなくて、阿弥陀仏の本願によって回向されている、他力の信心なのです。つまり、阿弥陀仏の本願に素直に順ってておまかせする心なのです。

惑染ノ凡夫信心発スレハ

証ニ知セシム生死即涅槃ナリト一

読み方

わくぜんぼんぶしんじんほ

しょうちしょうじそくねはん

書下し

惑染の凡夫、信心発すれば、
生死即涅槃なりと証知せしむ。

意訳

煩悩に汚れた凡夫であっても、信心が起こるならば、迷いがそのままで、迷いを離れた状態となることをはっきり示された。

凡夫の信心

阿弥陀仏の本願による他力によって、私たちはどうなるのかということについて、曇鸞大師は、「正定の因はただ信心なり」（正定之因唯信心）と教えられました。すなわち、私たちが、間違いなく浄土に往生して仏に成ることが確定するのは、ただただ他力を信じる「信心」によることであると教えておられるのです。もちろん、その「信心」は、自力の信心ではなくて、阿弥陀仏の本願によって回向されている、他力の信心なのです。

その上で、「惑染の凡夫、信心発すれば」（惑染凡夫信心発）といわれます。「惑染」の惑も染も煩悩の別名です。迷惑といわれますように、私たちは、真実を見失っているために、道理に迷い惑（まど）っていて、またそのために、心が純粋でなく汚染されているのです。

そのような私たち「惑染の凡夫」にも「信心発すれば」と述べられております通り、信心が起こることがあるのです。ここで注意しておかなければならないことは、「信心を発する」（発信心）ではなくて、「信心が発する」（信心発）といっておられることです。「信心」は凡夫が起こすものではなくて、阿弥陀仏の大慈悲の本願力によって、凡夫の身の上に起こることなのです。

そこで、私たち「惑染の凡夫」に信心が起こればどうなるのかということですが、それについて、曇鸞大師は「生死即涅槃なりと証知せしむ」（証知生死即涅槃）と教えておられるわけです。

「生死」というのは、自分の煩悩によって引き起こされる迷いのために、自分が苦悩している状態です。そして「涅槃」とは、逆に、その迷いが解消したことによって苦悩が滅した状態のことです。この二つのことが「即」という言葉で結びつけられているわけです。

「即」は、「すなわち」と読みますが、「ただちに」とか「そのまま」という意味です。これは、仏典のなかでは少し注意して読まなければならない文字だと思います。

「生死即涅槃」は、生死がそのまま涅槃である、ということです。言い換えると、「迷いの状態」がそのまま「迷いのない状態」ということになりますから、互いに矛盾し合う二つのことが、そのまま一つになっているのです。

　このような見方は大乗の経典にしばしば説かれている教えです。その場合、「涅槃」は「覚り」という意味ですから、迷いのままに覚りが得られるということになります。これによく似た言葉が「正信偈」の別のところにあります。「煩悩を断ぜずして涅槃を得る」（不断煩悩得涅槃）という言葉です（真宗聖典204頁）。

　「涅槃」は、親鸞聖人のお言葉遣いからすれば、「覚り」という意味よりも、「往生」というほどの意味に理解されると思います。そうすると、「生死即涅槃」は、「迷いの状態そのままで往生する」ということになります。

　次の「証知」の「証」は、「あきらかにする」「はっきりさせる」という意味ですから、「正信偈」には、曇鸞大師の教えとして、「迷い続けている惑染の凡夫に、本願による信心が起こるならば、迷いのままに往生させていただくことが、はっきりと思い知らされる」と示されているのです。

必至無量光明土

諸有衆生皆普化

読み方

ひっしむりょうこうみょうど

しょうしゅじょうかいふけ

書下し

必ず無量光明土に至れば、
諸有の衆生、みなあまねく化すといえり。

意訳

凡夫が必ず無量の光明が輝く浄土に至るならば、穢土のあらゆる衆生をみな例外なく教化することができる、と教えられた。

他力の回向

惑染の凡夫が、阿弥陀仏の願いによって、間違いなく、浄土に往生する、と曇鸞大師は教えておられるわけですが、そのことを「必ず無量光明土に至れば」（必至無量光明土）といっておられます。

「無量光明土」は、限りのない光が輝いている国土、つまり阿弥陀仏の極楽浄土のことです。阿弥陀仏が仏に成られる前、法蔵という名の菩薩であられましたが、その法蔵菩薩は、四十八の願いと誓いをお立てになりました。その第十二の願が「光明無量の願」と呼ばれているのです。

『仏説無量寿経』によりますと、第十二願は、「たとい我、仏を得んに、光明能く限量ありて、下、百千億那由他の諸仏の国を照らさざるに至らば、正覚を取らじ」（真宗聖典17頁）という誓願です。ちなみに「那由他」は、インドの数の単位で、一千万とも、一千億ともいわれていて定かではありませんが、とても大きな数をいいます。

法蔵菩薩は、仏に成ろうとしておられましたが、たとい仏に成られるとしても、その浄土の光明の輝きに限りがあって、途方もなく多数の仏さまがたの国々をすべて照らさないのであれば、自分は仏には成らない、という誓いを立てられたのでした。

そしてその誓いが実り、願いが報いられたので、法蔵菩薩は阿弥陀仏に成られたのでした。このために、阿弥陀仏の浄土は「無量光明土」と呼ばれるのです。

さて、「必ず無量光明土に至れば、諸有の衆生、みなあまねく化すといえり」（必至無量光明土　諸有衆生皆普化）と述べられていますが、「諸有」は「あらゆる」と読みますから、「諸有の衆生」は「あらゆる人びと」という意味になります。

惑染の凡夫が、阿弥陀仏の本願によって、無量光明土、すなわち阿弥陀仏の浄土への往生を果たすならば、やはり阿弥陀仏の本願によって迷いの世間に立ち戻り、あらゆる人びとを教化することになると、曇鸞大師は教えておられるのです。

先ほど見ましたように、阿弥陀仏の本願によって、惑染の凡夫に信心が起これば、迷いの状態のままに浄土に往生することが確実となる、ということが教えられていました。そして、すでに「往・還の回向は他力に由る」（往還回向由他力）と述べてありました。

凡夫が往生するのは往相といい、それは阿弥陀仏から回向されている（振り向けられている）本願によることであるとされています。そして、浄土に往生できた人が穢土にはたらきかけるのを還相といい、これもやはり阿弥陀仏から回向されている本願によることであると教えられているわけです。

今の、惑染の凡夫に信心が起これば、迷いのままに浄土に往生するというのは、阿弥陀仏の往相の回向によることです。そして、無量光明土に至った人が、世間に戻ってあらゆる人びとを普く（あまね）教化することになるというのは、阿弥陀仏の還相の回向によることなのです。

曇鸞大師はこのようなことを私たちに教えてくださっていると、親鸞聖人は讃えておられるのです。

道綽決シテ聖道ノ難キコトヲ証シ

唯明ス浄土ノ可キコトヲ通入ス

読み方

どうしゃっけっしょうどうなんしょう

ゆいみょうじょうどかつうにゅう

書下し

道綽、聖道の証しがたきことを決して、ただ浄土の通入すべきことを明かす。

意訳

道綽禅師は、聖道門では覚ることが困難であることを明らかにして、ただ浄土門のみが通りやすく入りやすいことを明らかにされた。

道綽禅師

道綽禅師（五六二～六四五）は、少年時代に出家されました。しかしほどなく、北周の武帝が厳しい仏教弾圧の政策をとりましたので（五七四）、仏像や経典は焼き払われ、僧尼は殺されたり、強制的に還俗させられたりしました。この時、若い道綽禅師も僧侶の身分を失われたのでした。

この過酷な廃仏は、武帝の死とともに終わり、仏教は復興したので（五七八）、道綽禅師は再び出家されました。そして厳しい実践修行に励まれたのです。また主として『涅槃経』を深く学ばれ、やがて『涅槃経』研究の大家という名声を得られるようになられたのです。

『涅槃経』は大きなお経で、さまざまな教えが説かれていますが、その中心となる教えは、人間の本性を徹底して見究めることです。そして、すべての人に例外なく「仏性」（仏としての性質）が具わっているという教えが説かれているのです。

親鸞聖人が、七高僧として崇められた方々のうち、中国から出られたのは、曇鸞大師と道綽禅師と善導大師でありました。そのうち、道綽禅師だけが「禅師」と呼ばれ、他のお二人は「大師」と呼ばれておられます。

当時の僧は、どなたも仏教の教理を探求し、戒律を厳しく守り、実践的な修行に励んでおられました。そのなかでも、教理の研究に特徴を発揮した人を「法師」といい、戒律に特に厳格で、精通した人を「律師」といい、座禅など、実践修行を特徴とした人を「禅師」と呼んでいたのです。この場合の「禅師」は、後に禅宗の僧を「禅師」と呼ぶようになったのとは、意味が違っていました。そして、これらの特徴のいずれにも当てはまらない人を、敬愛の気持ちをもって呼ぶ場合に「大師」といっていたようです。

さて、道綽禅師は、伝えられているところによりますと、四十八歳の時、旅の途中で、かつて曇鸞大師がおられた玄中寺にたまたま立ち寄られたのです。そこには、曇鸞大師の徳を讃えた石碑が建てられていました。道綽禅師は、その碑文を読まれて大変驚かれ、また深く感銘を受けられたのです。そして、これまでの思いを翻して、深く浄土の教えに帰依されたのです。それは曇鸞大師が亡くなられてから、七十年ほど後のことでありました。

道綽禅師は、曇鸞大師の徳を慕って、そのまま玄中寺に住みつかれました。そして八十四歳で亡くなるまで、そこで、阿弥陀仏の名号を称える念仏に専念され、また、さかんに『仏説観無量寿経』の講説をしたり、『安楽集』を著すなどして、人びとに称名の念仏を勧められたのでした。

聖道門と浄土門

さて、道綽禅師のご幼少のころ、インドから『大集月蔵経』（『大集経月蔵分』）というお経が伝わってきました。このお経には、「末法の到来」ということが説かれています。仏教の教えは、釈尊が亡くなられた後、時代が隔たるにともなって、世に正しく伝わらなくなり、やがて仏法は衰滅する時がくると説かれているのです。

このお経によりますと、仏教は、正法(しょうぼう)・像法(ぞうほう)・末法という三つの時期を経て、やがて滅尽(めつじん)してしまうというのです。

釈尊が亡くなられた後、はじめの五百年は「正法」の時代とされます。この時までは、教えが正しく伝わり、その教えによって正しい修行ができるので、正しい証(さとり)が得られるとされます。

この後「像法」となり、それが千年続きます。この時には、像(かたち)ばかりの教えが伝わり、その教えによって像ばかりの修行はできますが、教えも修行も像ばかりですから、証は得られない時代です。

そしてその後の一万年が「末法」です。かろうじて教えは伝わっているけれども、行も証もともなわない時代です。

このような末法の世では、教えの伝わり方も不十分であり、修行もできなくなっているわけですから、自分の信念や努力を頼りにして、厳しい修行を重ねても覚りに近づくことは不可能であるとされるのです。

道綽禅師がおられた当時、すでに末法の時代に入っていると受けとめられていました。道綽禅師がお生まれになったのは、末法に入って十一年目のことであったとされていたのです。

しかも、すでに述べました通り、道綽禅師は、厳しい仏教弾圧の事件を身をもって経験されましたから、末法の世を生きて、そこで仏法を学び、仏教を守らなければならないという自覚が、私たちが想像する以上に強かったことでしょう。

末法という危機意識のほかに、『法華経』や『仏説阿弥陀経』には、すでに「五濁の悪世」（真宗聖典133頁）ということが説かれていましたから、その自覚も高まっていたことと思われます。

「五濁」というのは、前にも説明したことですが、末の世において、人間が直面しなければならない五種類の濁り、汚れた状態を言います。それは、劫濁・見濁・煩悩濁・衆生濁・命濁の五つです。

「劫濁」の「劫」は、「時代」という意味ですから、それは、「時代の汚れ」ということになります。疫病や飢饉、動乱や戦争が続発するなど、時代そのものが汚れる状態です。

「見濁」の「見」は、「見解」ということで、人びとの考え方や思想です。したがって、邪悪で汚れた考え方や思想が常識となってはびこる状態です。

「煩悩濁」は、煩悩による汚れということで、欲望や憎（にく）しみなど、煩悩によって起こされる悪徳が横行する状態です。

「衆生濁」は、衆生の汚れということで、人びとのあり方そのものが汚れることです。心身ともに人間の質が低下する状態です。

「命濁」は、命の汚れということで、自他の生命が軽んじられる状態です。また生きることの意義が見失われ、生きていることのありがたさが実感できなくなり、人びとの生涯が充実しない虚（むな）しいものになってしまうことです。

さて、「道綽、聖道の証しがたきことを決して、ただ浄土の通入すべきことを明かす」（道綽決聖道難証　唯明浄土可通入）とありますように、道綽禅師は、このような末法の時、しかも五濁の世にあっては、自力によって修行しようとする聖道門（しょうどうもん）の教えでは、もはや覚りは得られないことを明らかにされました。

そして、阿弥陀仏の願いとして凡夫（ぼんぶ）に差し向けられている他力の念仏によって浄土に往生するという、浄土門（じょうどもん）の教えこそが私たちの通るべき道であることを明らかにされたのです。

悪時・悪世に生きる凡夫であればこそ、すべての人を浄土に迎えたいと願われるのが阿弥陀仏の本願です。そしてこの本願の力によって私たちに与えられているのが「南無阿弥陀仏」という念仏です。自力を捨てて阿弥陀仏の本願にしたがうという他力の念仏の教え、それが浄土門です。

末法・五濁の世では、この浄土門の教えしか残されていないと、道綽禅師は教えておられるのです。そして、その教えを親鸞聖人は大切にして受け継がれ、念仏をありがたく受け取っておられるのです。

万善ノ自力貶ヘンス二勤修ヲ一

円満ノ徳号勧ム二専称ヲ一

読み方

まんぜんじりきへんごんしゅ

えんまんとくごうかんせんしょう

書下し

万善の自力、勤修を貶す。
円満の徳号、専称を勧む。

意訳

さまざまな善を自力によって勤め励むことを退けられた。
欠けることのない徳を具えた名号をもっぱら称えることを勧められた。

他力の念仏

釈尊は、すべての人がご自分と同じように、仏（目覚めた人）になってほしいと願われました。眼の前の利害得失から離れて、人生の真実に目覚めることによって、一切の悩み苦しみを解決し、心豊かに生涯を尽くしてほしいと願われたのです。

道綽禅師は、釈尊のみ教えにしたがって、仏に成るための道を歩むのには、「聖道門」と「浄土門」との、二つの道があることを教えられました。

「聖道門」は、覚りを妨（さまた）げる煩悩を克服するために、みずからの能力を信じて、厳しい修行に励む道です。この道を進むには、常に起こる怠（なま）け心をおさえ、また、さまざまな誘惑に打ち勝って、ひたすら努力を積み重ねて、努力の成果をあげなければなりません。つまり「難行道（なんぎょうどう）」です。

しかし、釈尊のご在世の時であればともかく、今や、時代が遠く隔（へだ）たった末法五濁の世であると教えられています。このような世においては、邪悪な考え方がはびこり、欲望が深まります。何よりも、人間の資質が衰(おとろ)えてしまっているのです。

そのような状況のもとで、はたして自分の努力の成果を期待することが適切なことであるのかどうか、それが問題なのです。できるはずがないとお経に教えられていることを、できると信じて実行しようとすることは、かえって教えに対する思い上がりとなり、また自分に対して不誠実であるということになります。

道綽禅師は、そのような厳しい眼(まなこ)を、ご自分の身に向けられたのです。そして、ややもすれば起こりがちな思い上がりを捨て、ご自分に誠実であろうとされたのです。力のない凡夫を何としても助けたいと願われる阿弥陀仏の本願に素直にしたがおうとされたのです。そのような自覚から開かれてくるのが「浄土門」であり、「易行道(いぎょうどう)」であると、教えられたのです。

自分の力では仏に成ることができない凡夫を浄土に迎え、そこで仏に成らせようとされるのが阿弥陀仏の願っておられることです。しかも、煩悩に覆われて、自分の力では浄土に往生する原因を作れない凡夫をそのままで往生させるために、阿弥陀仏が施し与えておられる「南無阿弥陀仏」を、そのまま受け取って称えるように勧められているのです。

「万善の自力」というのは、仏道を成し遂げるために、自分の力を信じて実践しようとするさまざまな修行のことです。つまり「聖道門」のことです。道綽禅師は、そのような修行に勤め励もうとすることは誤りであるとして、それを退けられたのです。「貶する」というのは「退ける」という意味です。

こうして、善いとされるさまざまな自力の修行を退けられた道綽禅師は、「円満の徳号」をもっぱら称えることを人びとにも勧められたのです。「円満の徳号」とは、勝れた功徳が完璧にそなわった名号、すなわち「南無阿弥陀仏」です。

いま「功徳」という言葉を使いましたが、それは、善い行いによって生ずる善い結果のことをいいます。浄土の教えでは、凡夫の善い行いによって生ずる善い結果ではなくて、阿弥陀仏が善い原因をお作りになって、それによって生ずる善い結果が私たちに振り向けられているとされています。

阿弥陀仏の功徳としての名号が、なぜ「円満」なのかということですが、それは、あくまでも、私たちの思いによって称える名号ではないからです。私たちの思いによって称える「南無阿弥陀仏」であれば、そこには、どうしても、私たち凡夫の都合が入り混じりますから、偏りがあって、欠けるところがあるのです。

「南無阿弥陀仏」という名号は、本願力という、私たちからすれば他力となるはたらきによって、私たちに回向されているものなのです。阿弥陀仏の願いとして、施されている名号ですから、円満なのです。他力にしたがう念仏だからです。

ご自身にとても厳しい眼を向けられた道綽禅師の教えを、同じようにご自分に厳しい眼を向けられた親鸞聖人は、感銘深く讃嘆しておられるのです。そしてその教えの通りに、愚かで誤った「はからい」から離れて、阿弥陀仏が願ってくださっていることに、素直に順うよう、教えておられるのです。

三不三信ノ誨オシヘ慇ヲム懃ニシテ

像末法滅同シク悲引ス

読み方

さんぷさんしんけおんごん

ぞうまほうめどうひいん

書下し

三不三信の誨、慇懃にして、
像末法滅、同じく悲引す。

意訳

三不信と三信の教えを懇切に説いて、
像法と末法と法滅のいずれの世でも、大悲の本願は同じくはたらく。

三不三信の教え

「三不三信の誨」とありますのは、道綽禅師が、三不信と三信との区別をはっきりさせて、それを懇切丁寧に教えてくださった、ということです。「慇懃」というのは、懇切丁寧ということです。

天親菩薩は、『浄土論』の冒頭に、「世尊我一心　帰命尽十方　無碍光如来　願生安楽国」（世尊、我一心に、尽十方無碍光如来に帰命して、安楽国に生まれんと願ず）（真宗聖典135頁）と述べておられます。これは、天親菩薩が、遠い昔に亡くなっておられる釈尊に向かって、強い決意を表明されたものです。すなわち「私は、釈尊の教えにしたがって、一心に、阿弥陀仏に帰命して、極楽浄土に生まれることを願います」ということです。

ここに述べられた「一心に帰命する」というのは、他の何ものをも混じり合わせないで、ただひたすらに阿弥陀仏に帰依するという、深い信心を言い表されたお言葉です。

この『浄土論』に対して、曇鸞大師が註釈をお作りになりました。それが『浄土論註』です。曇鸞大師は、天親菩薩の「一心」を解釈されるのに、その信心の純粋さに驚かれたのでしょうか。そして、それに比べて、ご自分の信心の頼りなさを痛感されたのでしょうか。

曇鸞大師は、「一心」でない凡夫の信心を三つに開いて、「不淳の信心」「不一の信心」「不相続の信心」とされました。これが「三不信」です。「不淳」は、信心が純粋でなく、あるようにも見えるけれども、実はないに等しい信心です。だからその信心は「不一」なのです。自力のはからいが入り混じっていて、徹底していない信心です。したがって、そのような信心は、「不相続」なのです。徹底していないから、信心が持続しないのです。このような「三不信」でない「三信」が、天親菩薩の「一心」であると、曇鸞大師は教えられたのです。

曇鸞大師が述べられた「三不信」の反対側、つまり「三信」について、道綽禅師が『安楽集』のなかで、くわしく丁寧に説明なさっているのです。自力の信心が「三不信」であるのに対して、他力の信心は、純粋で混じりものがなく（淳心）、二心（ふたごころ）がなくて散乱することもなく（一心）、一貫して持続する（相続心）と教えられるのです。

次の「像末法滅」は、前に紹介しましたが「像法」と「末法」と「法滅」です。簡単に示しますと、仏滅後の五百年は、教えが正しく伝わる「正法」の時代とされます。その後の一千年は像（かたち）ばかりの教えが残る「像法」です。この時は、教えも修行も像ばかりですから、証（さとり）が得られないのです。さらにその後の一万年が「末法」です。かろうじて教えは伝わっているけれども、行も証もともなわない時代です。その一万年が過ぎると、「法滅」となり、仏法は完全に衰滅するとされているのです。「法滅」の後は、やがて遠い未来に次の仏が世に出られて、また「正法」の時代に入るとされています。

道綽禅師は、ご自分が「末法」の世に生きていることを強く意識しておられました。そして、同じように、証が得られなくなっている「像法」と「末法」の世を悲しまれたのです。また仏法にまったく触れることができなくなる「法滅」の世についても、深く悲しまれたのです。

そのような時機には、凡夫の自力は、何の役にも立たないのですから、阿弥陀仏は、それを哀れんで、すべての人びとを救いたいという大きな願いを発しておられたのです。阿弥陀仏は、無量寿如来ともお呼びしますが、無量寿をそなえておられる阿弥陀仏は、「像法」「末法」「法滅」の世の人びとを浄土に迎え入れて救いたいと願われ、「南無阿弥陀仏」という念仏を授け与えておられるのです。これが他力の念仏です。そして、この他力の念仏を素直にいただこうとする心が、他力の信心です。

他力の信心をいただくのに、道綽禅師は、曇鸞大師が述べられた「三不信」と「三信」との意味を明らかにされ、「三信」によらなければならないことを丁寧に教えられたのです。

親鸞聖人は「同じく悲引す」と詠っておられるように、道綽禅師が、これらの時機の人びとを等しく哀れんで、他力の信心の教えに導き入れようとしてくださったと、讃えておられるのです。

一生造レトモ悪ヲ値マウアヒヌレハ弘誓ニ
至テ安養界ニ証セシムトイヘリ妙果ヲ

（返り点：造レ　値二　誓一　至二　界一　証二　果一）

読み方

いっしょうぞうあくちぐぜい
しあんにょうかいしょうみょうか

書下し

一生悪(いっしょうあく)を造(つく)れども、弘誓(ぐぜい)に値(もうあ)いぬれば、安養界(あんにょうかい)に至(いた)りて妙果(みょうか)を証(しょう)せしむと、いえり。

意訳

一生の間、罪悪をなす者も、阿弥陀仏の誓願(せいがん)に遇(あ)うならば、極楽浄土に往生して、涅槃という妙(たえ)なる証(さとり)を得る、と教えられた。

誓願に遇(あ)うということ

道綽禅師は、末の世の劣悪な凡夫にとっては、一人ももらすことなく、すべてを救い取りたいと願われる阿弥陀仏の本願の力の他に、何も頼るものはないことを明らかにされたのです。

さまざまな善に励んで、覚りに近づこうとするのは、自分というものを知らない人のなすことであって、完全な徳がそなわっている「南無阿弥陀仏」をいただいて、もっぱら称えることが、自分に正直な、そして末法の世にふさわしい唯一の道であるとされたのです。

そのような教えについて、「一生造悪値弘誓　至安養界証妙果」（一生悪を造れども、弘誓に値(もうあ)いぬれば、安養界に至りて妙果を証せしむ）と道綽禅師が言っておられるとして、親鸞聖人は、道綽禅師の教えをしめくくっておられるのです。

たとえ、一生の間を通じて、さまざまな悪を造る者であっても、阿弥陀仏の広大な誓願に遇(あ)うことになれば、阿弥陀仏の極楽浄土に往生して、そこで仏の覚りを得るのだと教えられた、ということです。

「弘誓」は阿弥陀仏の誓願です。阿弥陀仏は、仏に成られる前、法蔵という名の菩薩であられましたが、法蔵菩薩は、心から浄土に生まれることを求める人びとを、すべて、ご自分の浄土に迎え入れようと願われました。そして、その願いが成就しないのであれば、ご自分は仏には成らないという誓いを立てられたのでした。そして、法蔵菩薩は阿弥陀仏に成られたのでした。

「悪を造る」といわれていますが、その「悪」は、もちろん、法律上の罪を犯したり、世の道徳に反する行為をもいうのですが、それだけではありません。何よりも、釈尊が顕かにされた真実、人が生きる普遍の道理、それに背くのを「悪」というのです。

「安養界に至る」といわれる「安養界」は、心が安らかとなり、身が養われる世界ということで、阿弥陀仏の極楽浄土のことです。一生の間、悪をなし続ける者も、浄土に至る、つまり往生する、と教えられているわけです。

「妙果」とは、ことに勝れた結果ということで、「仏の覚り」を意味します。

したがって、一生の間、悪をなすものも、阿弥陀仏の誓願に遇うことになれば、阿弥陀仏の極楽浄土に往生して、そこで仏に成る、ということです。

ところで、一生、悪をなしてきた者が、どうして、浄土に往生し、そして仏に成るのか、ということですが、それは、「弘誓に値(もうあ)いぬれば」ということによるのです。道理に逆らい、真実を疑う者が、往生して仏に成れるのは、それは、それが阿弥陀仏の願っておられることであり、誓っておられることだからなのです。それ以外の理由ではないのです。

道綽禅師は『安楽集』という著作を残しておられますが、そのなかに述べられている一つの喩(たと)えが、親鸞聖人の『教行信証(きょうぎょうしんしょう)』に引用されています（真宗聖典171頁）。

それによりますと、ひどい悪臭を放つ伊蘭(いらん)という樹が茂る林があって、その林の地中に、一株の芳ばしい香りを放つ梅檀(せんだん)の樹の根があり、梅檀が芽を出すまでは、耐え難いほどの悪臭が充満しているけれども、梅檀が芽を出し始めると、たちどころに、その伊蘭樹の林が、梅檀の芳ばしい香気に包まれた林に変わってしまう、というのです。

伊蘭樹の林は私たちの生涯です。梅檀の芽は、阿弥陀仏の誓願を喜び、信ずる心を喩えたものです。その芽が出始めると、私たちの生涯は、そのまま誓願のはたらく生涯となるのです。

悪をなす者が往生して仏に成るということは、誓願によることであり、「誓願不可思議」といわれます通り、それは私たちの知性や論理でははかりきれない出来事なのです。

善導独リ明セリ二仏ノ正意ヲ一

読み方

ぜんどうどくみょうぶっしょうい

書下し

善導独り、仏の正意を明かせり。

意訳

善導大師お独りだけが、仏の正しいお心を明らかにされた。

善導大師

善導大師（六一三～六八一）は、若くして出家され、はじめ『維摩経』や『法華経』などのお経を学ばれました。のちに、たまたま『仏説観無量寿経』に出遇われ、このお経に説かれている念仏の教えを深く学ばれたのです。

しかし、念仏といっても、それは、古くから中国の仏教界で行われていた、修行としての念仏だったのです。心の雑念を払いのけて、心を純粋に保って集中させるという、三昧の行です。この行によって、阿弥陀仏のお姿と阿弥陀仏の極楽浄土のありさまを心に観察する「観想の念仏」だったのです。のちに善導大師が教えられた「称名の念仏」とは、まるで異なる念仏でありました。

善導大師は、このような「観想の念仏」の修行に懸命に励まれて、やがて、ある一定の境地を体験されたと伝えられています。しかし、この「観想の念仏」に強く疑問を感じ取られたようでした。

そのころ、遠くの玄中寺というお寺に道綽禅師がおられました。道綽禅師は、主として『仏説観無量寿経』によって、念仏の教えを広めておられたのですが、そのことを、善導大師は伝え聞かれたのでした。そこで大師は、さっそく、厳しい冬の難路をさまよいながら、玄中寺に向かわれたのでした。

玄中寺といえば、その昔、曇鸞大師が、本願他力の教えを説いておられたところでありました。曇鸞大師が亡くなられて七十年ほどのちに、『涅槃経』の学僧であられた道綽禅師が、旅の途中でたまたま玄中寺に立ち寄られ、曇鸞大師の徳を讃えた石碑の文をお読みになり、曇鸞大師の教えに深く感銘を受けられたのでした。そして、これまでの思いを翻して、深く浄土の教えに帰依されたのでした。そして道綽禅師は、曇鸞大師の徳を慕って、そのまま玄中寺に住みついておられたのでした。

その玄中寺を訪ねられた善導大師は、道綽禅師から親しく『仏説観無量寿経』の講説をお聞きになり、本願他力の念仏の教えに目覚められたのです。それは、道綽禅師が八十歳、善導大師が二十九歳の時であったと伝えられています。

その後、善導大師は、唐の都の長安に移られ、光明寺というお寺を中心に、「称名の念仏」の教えをお説きになり、広く民衆を教化されたのでした。善導大師の教えは、自己の愚かさを厳しく自覚させ、それ故にこそ、阿弥陀仏から回向されている他力の「称名の念仏」によって浄土に往生することを深く喜ぶという、とても情熱的な教えであったのです。

中国には、浄土の教えに三つの流れがありました。その第一は、廬山流といわれているもので、廬山の東林寺におられた慧遠法師（三三四～四一六）が、多くの同志とともに、阿弥陀仏像の前で修行しておられた自力の「観想の念仏」の伝統でした。第二は善導流で、今の、曇鸞大師・道綽禅師・善導大師と次第して伝えられた他力の「称名の念仏」です。そして第三は慈愍流の念仏で、慈愍慧日（六八〇～七四八）という三蔵法師が唱えられた念仏と禅とを融合させた念仏禅でした。

このうち、日本に伝えられて栄えたのが、善導流の浄土教だったのです。日本の法然上人（一一三三～一二一二）が、「偏依善導一師」（偏えに善導一師に依る）

と宣言され、それが親鸞聖人に受け継がれたのでした。

独り仏の正意を明かす

善導大師は、いくつもの著書を残しておられますが、その代表的な著作は、『観無量寿経疏（かんむりょうじゅきょうしょ）』（四巻）です。これは『仏説観無量寿経』（『観経』）の註釈で、略して『観経疏（かんぎょうしょ）』と言われています。また、『観経疏』は四巻からなりますので、『四帖疏（しじょうしょ）』とも呼ばれています。

『観経』は、古代インドのマガダという国で起こされた事件が題材になっているお経です。マガダ国の王子の阿闍世（あじゃせ）が、父の頻婆娑羅（びんばしゃら）王を幽閉（ゆうへい）して、食べ物も飲み物も与えずに、死に至らしめたという事件です。王妃の韋提希夫人（いだいけぶにん）は、夫である王を救おうとして、ひそかに食べ物や飲み物を牢獄に運んだのです。

しかし、それが発覚して、韋提希は、激怒した王子に刃（やいば）を向けられ、今にも殺害されそうになったのです。その場に居合わせた大臣たちが王子を押しとどめたので、韋提希は殺されずに済みましたが、宮殿の奥深い部屋に閉じ込められたのです。頻婆娑羅王は間もなく亡くなりました。

韋提希にしてみれば、敬愛する夫が殺されたこと、しかも殺したのは自分が生み育てた王子であったこと、さらには、夫が殺されないように、息子が殺人者にならないように、二人を救おうとした自分が息子に刃を向けられたこと、このような深刻な苦悩のなかに突然投げ込まれたのでした。

韋提希は、釈尊に救いを求めました。釈尊は韋提希のために、浄土に往生する教えをお説きになりました。教えを聞いた韋提希は、阿弥陀仏の極楽浄土に往生することを願い、この教えによって、心に歓喜をおぼえ、立ち直ることができたのです。

善導大師よりも前に、『観経』の註釈はいくつも著されていました。地論宗の慧遠（五二三～五九二）、天台宗の智顗（五三八～五九七）、三論宗の吉蔵（五四九～六二三）などが、いずれも勝れた註釈を著しておられたのです。

地論宗は、天親菩薩の『十地経論』をもっぱら依りどころにする宗派で、慧遠法師はその最高の学僧だったのです。天台宗は、『法華経』を依りどころにして、仏教の思想を大きく発展させた宗でした。その開祖が天台大師智顗だったのです。三論宗は、龍樹大士などの著作を依りどころにして、「空」の思想を大成させた学派で、その指導者が吉蔵という学僧だったのです。

善導大師は、ご自分の『観経疏』のことを「古今楷定」と名づけておられます。これは、「古の人の解釈と今（ご自分）の解釈とを比べて、解釈を正しく確定した」という程の意味です。それでは、どのように解釈が違うのでしょうか。

諸師の間にも、それぞれに解釈の違いはありますが、共通していることは、諸師はいずれも、韋提希を「大権の聖者」と見ておられるということです。『観経』には、韋提希は愚かな凡夫として説かれていますが、それは、聖者が、大衆を導くための方便として、仮にそのような姿をとっているのだと解釈されたのです。このため、『観経』は、聖者が往生するためのお経ということになります。

これに対して、善導大師は、韋提希を「実業（じつごう）の凡夫」と解釈しておられます。韋提希は聖者などではなく、文字通りの愚かな凡夫であり、悩み苦しみをもって生きなければならない凡夫の一例であると見ておられるのです。ですから、『観経』は、凡夫のために、浄土往生の教えが説かれているお経ということになるのです。

また、諸師は、厳しい修行によって、浄土のありさまを心に念じ続ける「観想の念仏」によらなければならないとされました。これに対して、善導大師は、そのような、特定の人にしかできない修行を求めることは、釈尊の教えのご本意ではないとして、誰もが称（とな）えられる「称名の念仏」こそが往生の道であると説かれたのです。

このため、親鸞聖人は、「善導独（ひと）り、仏の正意を明かせり」として、讃えておられるのです。永い仏教の歴史のなかで、インドにも、中国にも、多くの勝（すぐ）れた仏教者、思想家が出られましたが、善導大師ただお一人だけが、私たち凡夫に対して、最も厳しくも、最もやさしい眼差(まなざ)しを向けてくださっていることを、親鸞聖人は、感動をこめて讃えておられるわけです。

矜三哀シテ定散ト与二逆悪トヲ一

光明名号顕ス二因縁ヲ一

読み方

こうあいじょうさんよぎゃくあく

こうみょうみょうごうけんいんねん

書下し

定散(じょうさん)と逆悪(ぎゃくあく)とを矜哀(こうあい)して、
光明(こうみょう)名号(みょうごう)、因縁(いんねん)を顕(あらわ)す。

意訳

定善(じょうぜん)や散善(さんぜん)を修める人、五逆(ごぎゃく)や十悪(じゅうあく)を犯す人を哀れんで、
阿弥陀仏の智慧の光明が往生の縁、名号が因となることを顕かにされた。

悲しい凡夫を哀れむ

また親鸞聖人は、善導大師の徳を讃えて、「矜哀定散与逆悪」（定散と逆悪とを矜哀して）とも述べておられます。すなわち、定散の人びと、そして逆悪の凡夫は、悲しい生き方をせざるを得ない人びととして、これらを善導大師は、痛ましく、哀れに思っておられた、ということです。

「矜哀」の「矜」も「哀」も、どちらも「あわれむ」という意味です。また、「与」は、「…と…と」という意味を表す文字です。そして「定散」は、「定善（じょうぜん）」と「散善（さんぜん）」のことです。また「逆悪」は「五逆」と「十悪」とを短く言い表した言葉です。

『仏説観無量寿経』は、思いもかけない出来事によって、深い悩み苦しみを経験することになった、韋提希という女性の悲しみが素材となっていました。夫を殺され、息子の阿闍世に刃を向けられて、絶望した韋提希は、釈尊に救いを求めます。そして、憂（うれ）い悩みのない、阿弥陀仏の極楽世界に生まれたいと願ったのです。釈尊はその願いに応えて、極楽浄土へ往生する方法として、十六項目の教えをお説きになったのです。

　そのうちの初めの十三項目は、阿弥陀仏の浄土のありさまや、阿弥陀仏のお姿を、心に想い浮かべる観察（かんざつ）の方法（十三観）が説かれています。後の三項目には、人びとがそれぞれの性質や能力に応じた修行によって、浄土に往生する様子（三観）が述べてあるのです。

　善導大師は、前の十三観を「定善」とされ、後の三観を「散善」と見ておられます。「定善」は、雑念を除き、精神を一点に集中する安定した修行によっておこなう善です。「散善」は、日常の散乱した心のままで修める善なのです。「定善」にしても、「散善」にしても、結局それは、自分の力を頼りにして修める自力の善なのです。ですから、善導大師は、これらの人びとを、自力という深い迷いにある者として哀れんでおられるのです。しかし善導大師は、定散の二善を、他力真実の念仏に出遇う「縁」になると見ておられるのです。

「五逆」は、①父を殺すこと、②母を殺すこと、③阿羅漢（あらかん）（聖者）を殺すこと、④仏のお体を傷つけること、⑤僧伽（教団）の調和を破壊して分裂させることです。このうち前の二つは、阿闍世が該当します（母を殺しませんでしたが、殺そうとしました）。後の三つは、釈尊に反逆した提婆達多がおこなったことです。

「十悪」は、①生きものを殺すこと、②盗みをはたらくこと、③よこしまな男女関係をもつこと、④嘘をつくこと、⑤二枚舌を使うこと、⑥ののしること、⑦へつらうこと、⑧貪ること、⑨立腹すること、⑩愚かであることです。

善導大師は、「定善」と「散善」の善人も、「五逆」と「十悪」の悪人も、どちらも痛ましいことと悲しまれ、哀れんでおられるのです。悪人はもとより、自力に迷う善人も、阿弥陀仏から施し与えられている念仏、「南無阿弥陀仏」を素直に受け取ることこそが、本当の意味での救いになること、感謝のうちに自分の人生を見直すことになることを教えておられるのです。

親鸞聖人は、自力に迷い、時として悪を犯す私たちにとって、他力の称名念仏こそが救いになると述べておられるのです。

光明と名号

善導大師が哀れみをかけておられるのは、他の誰かのことではなくて、実は、今の私たちのことなのです。常に自力に迷い、また縁があればどのような罪悪をも犯す私たちのことです。親鸞聖人も、ご自身のことを、そのように、危うい、悲しい凡夫であると見ておられたのではないでしょうか。

「光明名号顕因縁」（光明名号、因縁を顕す）とありますが、その「光明」は阿弥陀仏の智慧のはたらきを意味します。光明は、暗闇を破ります。自力に迷い、道理について無知・無自覚である私たちの心の暗闇は、仏の智慧の光によって破られるのです。

しかし、仏の智慧の光明が、どこからか射し込んでくるというのではないでしょう。それは、阿弥陀仏の本願が、この私に差し向けられていることに私が気づかされたとき、つまり、私は、深い願いに包まれて生きていることに気づかされたときに、私は私の心の誤りを思い知らされ、道理に目覚めさせられるのです。それが、無知の暗闇が破られるという、本願の光明のはたらきなのです。「名号」とは「南無阿弥陀仏」です。これも、私のために発されている阿弥陀仏の願いによって私に届けられているものです。「南無阿弥陀仏」は、「阿弥陀仏に帰命する」ということです。すなわち、「阿弥陀仏を心から敬います」ということなのです。

しかし、それを平たく言い換えるならば、「阿弥陀仏におまかせいたします」という意味になると思います。私は、どう考えても、自力では浄土に往生する原因は作れないのです。そんなことはわかりきっていることですから、阿弥陀仏は、「余計なことはしなくてよろしい。私にまかせなさい」と呼びかけておられるのです。その呼びかけにしたがって、「おまかせいたします」というのが、「南無阿弥陀仏」なのではないでしょうか。

次に「因縁」ですが、「因」は「原因」です。「縁」は、原因となるものに直接かかわる「条件」です。つまり、「原因」と、それをとりまく「条件」とを「因縁」というのです。「原因」と「条件」の組み合わせによって、一つの「結果」が生ずることを「因縁」というのです。

さて、「光明名号顕因縁」（光明名号、因縁を顕す）とあります。順序は逆ですが、善導大師が顕かにされたのは、「名号」が「因」（原因）であり、「光明」が「縁」（条件）となっているということです。

本願によって私たちに与えられている「名号」が、「信心」の原因となります。その「名号」つまり「南無阿弥陀仏」が、私に与えられていることに気づかせていただく条件となるのが、本願による智慧の「光明」であると、善導大師は教えておられるわけです。

「信心」というのは、私が私の思いによって起こすものではなくて、阿弥陀仏の願いが原因で私に起こるものであり、その願いが私に向けられていることに気づかされることが「信心」の条件となっている、ということなのです。

阿弥陀仏が私たち一人一人に願っておられる、その願いに素直に順う心、それが「信心」でありますが、今こそ、その「信心」が私たちに不可欠であるとして、善導大師は、その「信心」の意味を顕かにしてくださったのです。

開㆓入スレハ本願ノ大智海ニ㆒

行者正シク受ケシメ㆓金剛心ヲ㆒

読み方

かいにゅうほんがんだいちかい

ぎょうじゃしょうじゅこんごうしん

書下し

本願(ほんがん)の大智海(だいちかい)に開入(かいにゅう)すれば、
行者(ぎょうじゃ)、正(まさ)しく金剛心(こんごうしん)を受(う)けしめ、

意訳

本願にそなわる広大な智慧に心を開かれ、本願に帰入するならば、
念仏の行者は、まさしく金剛のような信心を受けとめ、

金剛の信心

「光明名号顕因縁」（光明名号、因縁を顕す）に続けて、親鸞聖人は、善導大師の教えについて、「開入本願大智海　行者正受金剛心」（本願の大智海に開入すれば、行者、正しく金剛心を受けしめ）と、詠っておられるわけです。

「本願の大智海」は、本願によってはたらく、海のように広く深い仏さまの智慧です。「正信偈」には、「本願海」という言葉があります（真宗聖典204頁）。「本願海」と「大智海」は、慈悲と智慧の関係です。

また、「群生海」という言葉もあります（同前）。本願の海、大智の海、それは同時に、五濁の悪時に生きている私たち群生の海でもあるのです。私たちは、本願の海、大智の海でなければ、生きられない生きものなのです。

海は、どのような源から流れ出る川の水も、また、どのような所を流れて下ってきた水も、みな同じ塩味にしてしまうのです。そして、海は、生きものを養（やしな）い育てるところなのです。生きているものでなければ、海にはとどまることができないのです。

親鸞聖人のご和讃に「名号不思議の海水は　逆謗の屍骸もとどまらず　衆悪の万川帰しぬれば　功徳のうしおに一味なり」という一節があります（真宗聖典493頁）。不可思議な名号という海水は、五逆を犯す人や、仏法を謗る人のような死骸は留め置かないのだけれども、そのような悪であっても、すべての川の水が海に注いで一つの塩味になるように、すべて等しく、名号の勝れたはたらきによって、信心をいただいて、活き活きと生きてゆけるようになる、と教えておられるのです。

「開入」は、開示帰入の省略で、見失っているものが開かれて示され、それに立ち戻らされて迎え入れられる、ということです。「定善や散善、五逆や十悪の人であっても、開き示された本願による大智に立ち戻らせられたならば」という意味になります。

そうすると、どうなるかということですが、この「行者」、すなわち、定善・散善・五逆・十悪などの人も、「正受金剛心」（正しく金剛心を受けしめ）とありますように、間違いなく、金剛のような堅(かた)い信心を受け取らせていただけるのです。

「金剛」は、ダイアモンドで、最も硬いものを喩(たと)えています。自分の思いによって起こす自力の信心は、もともと脆(もろ)くて、壊れやすいものです。しかし、阿弥陀仏の本願の力によって施し与えられている他力の信心は、金剛のように硬く、壊れることがないのです。

「開入本願大智海」という句は、その前の句につなげて、「定散と逆悪とを矜哀す。光明・名号、因縁を顕して、本願の大智海に開入せしむ。行者、正しく金剛心を受けて、……」と読まれることがあります。これによりますと、「光明と名号が因縁となることを顕かにする」ことによって、定散と逆悪とを「本願の大智海に開入させる」という意味になります。

いまは、親鸞聖人のご指示に従って、「定散と逆悪とを矜哀して、光明・名号、因縁を顕す。本願の大智海に開入すれば、行者、正しく金剛心を受けしめ」と読みました。「本願の大智海に開入するならば」「行者は金剛心を受けさせられることになる」という意味になります。

慶喜ノ一念相応シテ後チ
与ト二韋提一等シク獲エ二三忍ヲ一
即証セシムトイヘリ二法性之常楽ヲ一

読み方

きょうきいちねんそうおうご
よいだいとうぎゃくさんにん
そくしょうほっしょうしじょうらく

書下し

慶喜の一念相応して後、韋提と等しく三忍を獲、すなわち法性の常楽を証せしむ、といえり。

意訳

信心を喜ぶ一念が大智と一致した後に、韋提希と同じように三忍の境地に入り、ただちに、真実が常であり、安楽であることをさとるのだ、と教えられた。

慶喜の一念

親鸞聖人は、さらに続けて善導大師の教えについて「慶喜一念相応後　与韋提等獲三忍」（慶喜の一念相応して後、韋提と等しく三忍を獲）と続けておられます。

真実の信心に目覚めさせてもらった人の一念の喜びの心が、本願を発（おこ）された阿弥陀仏のお心に合致（相応）するならば、その人は、韋提希夫人が得たのと同じ「三忍」を受け取ることになる、と教えられるのです。

『仏説無量寿経』に、「あらゆる衆生、その名号を聞きて、信心歓喜せんこと、乃至（ないし）一念せん」（真宗聖典44頁）と説かれていますが、ここでは、それを「慶喜の一念」と述べてあるわけです。「南無阿弥陀仏」をいただき、本願に出遇った人の喜びです。

本願による名号、本願による信心を喜べる人は、どうなるのかということですが、それは、あの韋提希のようになる、といわれているのです。

韋提希夫人は、敬愛する夫である頻婆娑羅王が、ことあろうに、自分が産み育ててきた王子の阿闍世によって死に至らしめられ、その上、それを助けようとした自分自身も宮殿の奥深くに幽閉されるという悲しみに遇ったのです。彼女は、苦悩のなかから釈尊に教えを請うのでした。その求めに応じて説かれたのが『仏説観無量寿経』でありました。

『仏説観無量寿経』によりますと、韋提希は、釈尊のみ教えによって、阿弥陀仏と観音・勢至の二菩薩を拝むことができて、歓喜の心を生じ、「無生法忍」という覚りを得た、とされています（真宗聖典121頁）。

ここに説かれる「無生法忍」（真理を確信する境地）を、善導大師は三つに分けて「三忍」とされたのです。「忍」は「認める心」という意味です。「三忍」は、喜忍・悟忍・信忍の三つです。喜忍は、信心によって生ずる喜びの心、悟忍は、智慧の光明によって目覚めさせられた心、信忍は、本願を疑うことなく信ずる心です。そして、この「三忍」が、一念の信心のなかに同時にはたらくとされているのです。

阿弥陀仏の本願を心から喜べる人は、韋提希夫人がそうであったように、現在の生活のなかで、この「三忍」を得ることになると、善導大師は教えられるのです。

そして、そのことによって、「即証法性之常楽」（すなわち法性の常楽を証せしむ）といわれていますように、ただちに、真実（法性）こそが常に変わることのない、究極の安楽であることを会得（えとく）することになる、と教えておられるのです。

「常」は、一定していて変わらないことです。「楽」は、苦に対する楽ではなくて、私たちが認識する苦と楽をともに超えた安楽のことをいっておられるのです。

源信広開一代教

偏帰安養勧一切

読み方

げんしんこうかいいちだいきょう

へんきあんにょうかんいっさい

書下し

源信、広く一代の教を開きて、
ひとえに安養に帰して、一切を勧む。

意訳

源信僧都は、釈尊一代の教えを広く開いて、
みずからひとえに弥陀の浄土に帰依し、また一切の人びとにも
勧められた。

源信僧都

これからは、インド・中国・日本に出られた七人の高僧がたのうち、日本の源信・源空（法然上人）というお二人について、親鸞聖人が讃えておられるところに入っていきます。

まず、六人目の高僧である、源信僧都です。源信僧都（九四二～一〇一七）は、比叡山の恵心院におられましたので、恵心僧都ともお呼びしています。

今の奈良県に誕生され、十三歳の時に出家して比叡山に上られ、そこで天台宗をはじめ、諸宗の教義を究められたのでした。そして、並はずれた学識によって、広く名声を高められたのでした。

これによって、朝廷から、「僧都」という僧侶の高い位が授けられようとしたのですが、これを固辞して受けられませんでした。しかし、世の人びとは、このお方こそが「僧都」とお呼びするにふさわしい人であるとして、敬意をこめて、源信僧都とか、恵心僧都とか、そのように尊称するようになったのでした。

源信僧都は、世の名利を避けて、比叡山の奥深く、恵心院に隠棲されて、仏教の真髄を究められたのでした。ところが、諸教を広く深く学ばれるなかで、末世の凡夫にふさわしい教えは、念仏往生の教え以外にはないことに気づかれ、浄土の教えに帰依されることになったのでした。それは、源信僧都の四十四歳の時でありました。

念仏の教えを教え弘めるために多くの著作を残されましたが、なかでも『往生要集』は、多くのお経の文などを集めて、仏教全体の帰するところは、結局は念仏往生の教えしかないことを明らかにされたものでした。これが、日本の浄土教の源流となり、のちに法然上人による浄土宗の開宗に大きな影響を与えたのです。

このような源信僧都について、親鸞聖人は、「広く一代の教を開きて」（広開一代教）と讃えておられるのです。「広く一代の教えを開かれた」というのは、釈尊がご生涯に説かれた教え、すなわち仏教の全体ですが、その真髄を広く世に公開されたということです。

そして、「ひとえに安養に帰して、一切を勧む」（偏帰安養勧一切）といわれていますのは、源信僧都が、釈尊の一代の教えを広く深く究められた上で、ひとえに、安養世界、つまり阿弥陀仏の浄土に往生する念仏の教えに帰依するようになられたことをいうのです。

これによって、『仏説無量寿経』に説かれている念仏往生の教えこそが、さまざまな姿をとっている仏教全体の肝要の教えであることが示されているわけです。

さらに、源信僧都は、多くの著作によって、ご自分の信心を世の一切の人びとに盛んに勧められたのでした。世の一切の人びとが、釈尊のご本意に立ち戻り、念仏の教えに目覚めてほしいと願われたということなのです。

専雑ノ執心判ハンシテ二浅深ヲ一

報化二土正シク弁立セリ

読み方

せんぞうしゅうしんはんせんじん

ほうけにどしょうべんりゅう

書下し

専雑の執心、浅深を判じて、
報化二土、正しく弁立せり。

意訳

専修念仏と雑修との執持の心の浅い深いを判別して、
報土と化土とをはっきりと区別された。

報土と化土

次に、親鸞聖人は、源信僧都について、「専雑の執心、浅深を判じて」（専雑執心判浅深）と述べておられます。「専の執心」は深く、「雑の執心」が浅いことを、きっぱりと判別されたということです。「専」は、もっぱら阿弥陀仏の名号を称える念仏（専修念仏）です。もう一方の「雑」は、念仏のほかにさまざまな行を雑ぜ合わせて修める行（雑修）のことです。

「執心」は、普通には、「執着心」ということで、「こだわりの心」という意味に解されることがあると思います。しかし、ここでは、「執持心」ということで、「執り入れて持つ心」という意味に用いられています。つまり、失わずに持ち続ける心をいうのです。

阿弥陀仏の本願に素直に順って、一途に「南無阿弥陀仏」を称える他力の信心は深く、本願よりも、みずからの努力を信頼して、さまざまな修行に励んで往生を期待する信心は浅はかであること、その違いを、源信僧都は、はっきりと判別してくださったと、親鸞聖人は喜んでおられるのです。

「報化二土」は、「報土」と「化土」ということで、源信僧都は、この二つの浄土を正しく区別して明らかにされたのです。一切の人びとを迎え入れたいと願われた阿弥陀仏の本願が報いられて開かれている浄土を「報土」というのですが、その「報土」に、さらに「報土」と「化土」の二種の浄土があるとされています。

まず、阿弥陀仏の浄土は「真実報土」といわれます。他方、阿弥陀仏が、自力に執われている行者に思い描かせておられる浄土を「方便化土」というのです。どちらも、阿弥陀仏の「報土」なのです。

「方便」は、凡夫を「真実」に近づけるために仏が設けられた手段ということです。自力から離れられないでいる雑心の凡夫を、本願他力を信ずる専心によってしか往生できない真実の「報土」にやがて導くために、仮に方便として化現されているのが「化土」です。

このように見てきますと、源信僧都は、浄土に二種あることを説明しておられるように思われます。しかし、源信僧都は、彼方に阿弥陀仏の浄土を想定して、その浄土について解説しておられるのではないのです。むしろ、専心と雑心という、信心に区別があることを言おうとされているのです。

専修念仏が与えられているにもかかわらず、思い上がって、その念仏に順わずに、雑修に心を向けてしまう愚かさを、源信僧都は誡めておられるのです。本来、「真実報土」に往生させてもらうはずの者が、本願よりも自我を優先させて、自分が思い描いている浄土に固執し、そして、それに満足しようとしている誤りを指摘しておられるのです。

しかも、源信僧都は、「信心」のあり方を説明しようとしておられるのではないと思います。本願の教えからすれば、「真実報土」に往生することが明らかな事実であるのに、容易に自我を捨てきれず、自我を確保しようとしているご自分のお心を厳しく誡めておられるのではないかと思われるのです。

ここには、阿弥陀仏の本願を深く喜ばれ、釈尊のみ教えを正しく受け取られながら、どうしても、我が心に閉じこもってしまうという、源信僧都の緊迫した慚愧（ざんき）のお心がうかがえるのではないでしょうか。

極重ノ悪人ハ唯称レスヘシ仏ヲ
我亦在二レトモ彼ノ摂取ノ中ニ一
煩悩障レテ眼ヲ雖レモ不レスト見
大悲無レク倦モノウキコト常照レシタマフトイヘリ我ヲ

読み方

ごくじゅうあくにんゆいしょうぶ
がやくざいひせっしゅちゅう
ぼんのうしょうげんすいふけん
だいひむけんじょうしょうが

書下し

極重(ごくじゅう)の悪人(あくにん)は、ただ仏(ぶつ)を称(しょう)すべし。
我(われ)また、かの摂取(せっしゅ)の中(なか)にあれども、
煩悩(ぼんのう)、眼(まなこ)を障(さ)えて見(み)たてまつらずといえども、
大悲(だいひ)倦(ものう)きことなく、常(つね)に我(われ)を照(てら)したまう、といえり。

意訳

極重の悪人は、ただ阿弥陀仏の名号を称えるべきである。私もまた、弥陀の本願の中に摂(おさ)め取られているのだけれども、煩悩が眼をさえぎって、私には見えていない。けれども、大悲はあきることなく、常に私を照らしてくださる、と教えられた。

極重の悪人

親鸞聖人は、源信僧都のお言葉を掲げておられます。源信僧都は、呼びかけておられるのです。「極重の悪人は、ただ仏を称すべし」（極重悪人唯称仏）と。「極重の悪人は、ただただ阿弥陀仏の号（みな）を称えなさい」という呼びかけです。

「極重の悪人」とは、極めて重大な悪をはたらく人ですが、それはどのような人なのでしょうか。法律に違反すること、それは悪です。また、法律には違反しなくても、世の道徳・倫理に反すること、それも悪です。しかしそれよりも、仏の教えに順（したが）えない人、真実に背く人、何とかして救ってやりたいと願っておられる仏の大慈悲心に逆らっている人、それが「極重の悪人」なのです。

前項の話に関連づけてみるならば、すでに阿弥陀仏から専修念仏が与えられているにもかかわらず、それを無視して自分の思いを優先させ、あえて雑修（ざっしゅ）に心を向けてしまうのが「極重の悪人」なのです。

心静かに我が身を眺（なが）めてみると、阿弥陀仏の本願による信心をいただいていることを、繰り返し繰り返し教えられていることに気づかされます。そして、その教えを十分に承知しているつもりになっています。にもかかわらず、どこまでも自分自身にこだわって思い上がり、本願の教えを他人事のように感じ取っていることに気づきます。情けないことですが、これこそが「極重の悪人」なのではないでしょうか。

このような凡夫は、早く自分へのこだわりから離れ、思い上がりを捨てて、ただ、素直に「南無阿弥陀仏」を称えるしかないと、源信僧都はいっておられます。

「極重の悪人は、ただ仏を称すべし」と呼びかけておられますが、しかし、それは、だれかれに教えるというよりも、源信僧都ご自身に向けていわれているお言葉であると、親鸞聖人は受け取られたのではないでしょうか。またそれと同時に、親鸞聖人は、素直に「南無阿弥陀仏」を称えるならば、阿弥陀仏は、そのような「極重の悪人」でも、むしろそのような「極重の悪人」だからこそ、必ず摂め取ってくださるのだと、源信僧都が私たちを励ましてくださっているると見ておられるのではないでしょうか。

源信僧都は、ご自身のことを「我また、かの摂取の中にあれども」（我亦在彼摂取中）と述べておられます。ご自分もまた、「かの摂取の中」、つまり、阿弥陀仏の本願のなかにしっかりと摂め取られているという事実を述べておられます。

ところが、「かの摂取の中にあれども」といっておられます通り、本願に摂め取られているという事実があるにもかかわらず、「煩悩、眼を障えて見たてまつらず」という、ご自身の現実を、源信僧都は率直に表明しておられるのです。つまり、絶え間なくはたらき出す煩悩、自我へのこだわりが、心の眼を覆いつくしていて、摂め取って捨てられることのない本願の事実を自分自身で見えなくしてしまっている、と言っておられるのです。

ところが、「煩悩、眼を障えて見たてまつらずといえども」（煩悩障眼雖不見）といわれます。自分が引き起こしてしまっている煩悩によって、自分で見えなくしてしまっているのだけれども、それでもなお、「大悲倦きことなく、常に我を照したまう」（大悲無倦常照我）と述べられて、阿弥陀仏の大悲の光明、大いなる哀れみのお心は、あきらめることなく、常にご自分を照らして護ってくださっていることに、感激しておられるのです。

源信僧都は、摂取のなかに身をおいているという事実と、その事実を見たてまつっていないという現実と、この食い違いを直視なさっているのです。そして、この食い違いを、凡夫の常識を超えたところで解消している不可思議なはたらきこそが、阿弥陀仏の大悲であると受けとめておられるのです。

そして、そこに、源信僧都の信心歓喜のお気持ちが表明されているということで、親鸞聖人は、源信僧都のお言葉をここに掲げておられるのだと思われるのです。

本師源空ハ明二カニシテ仏教ニ一

憐二‐愍セシム善悪ノ凡夫人ヲ一

読み方

ほんじげんくうみょうぶっきょう
れんみんぜんまくぼんぶにん

書下し

本師・源空は、仏教に明らかにして、
善悪の凡夫人を憐愍せしむ。

意訳

私たちの祖師、源空上人は、釈尊の教えの本意を明らかにされ、
善悪一切の凡夫を哀れんでくださり、

法然上人

これから、七高僧の最後、第七番目の源空上人について述べられている部分を見ることになります。源空上人というのは、親鸞聖人の直接の師であられた法然上人のことです。

法然上人（一一三三～一二一二）は、美作国（今の岡山県）に、地方武士の子としてお生まれになりました。上人が九歳の時、お父上は抗争に巻き込まれ、夜討ちに遭われて亡くなられたのでした。

命終に際して、お父上は、幼い法然上人に次のようなことを言い遺されたと伝えられています。「仇を恨んではならない。出家して、敵も味方も、ともどもに救われる道を求めよ」と。このような出来事が縁となって、法然上人は十三歳の時に比叡山に上られ、十五歳の時出家されたのでした。

上人は、はじめ源光という僧の弟子となられ、十八歳の時、叡空という僧を師として天台宗の教えを学ばれたのでした。叡空師は、上人の非凡な才能を認め、「法然房」という房号を与えられ、また最初の師の「源光」と、ご自分の名の「叡空」とから、「源空」という名を授けられたのでした。

法然上人は、僧侶としての栄達（えいたつ）をかなぐり捨てられ、一人の孤独な求道者として、人は、どのようにして悩みや悲しみから離れることができるのか、その道をひたむきに探し求められたのでした。しかし、その願いは、比叡山の伝統の教えによっては満たされることがなかったのです。

そこで上人は、直接仏の教えに正しい答えを求められました。膨大な数にのぼるお経と、それらのお経に対する先人たちの注釈書類を虚心（きょしん）に読みあさられたのでした。

そのような求道のなかで出遇われたのが、源信僧都による『往生要集』の言葉でした。「自分のような愚かな者にとっては、ただ阿弥陀仏の本願を信じて極楽浄土に往生させてもらうしか方法はない」という教えだったのです。自分の努力によって覚りに近づくための教えではなかったのです。

源信僧都のお言葉に導かれて、上人は、それまであまり深く関心を向けておられなかった善導大師の教えに、衝撃的な出遇いをなさったのです。善導大師の『観経疏』の「一心に弥陀の名号を専念して」（真宗聖典217頁）というお言葉に遇われたのです。それは、上人の四十三歳の時のことであったと伝えられています。

それが衝撃であったのは、「念仏でもよい」という自力聖道門の伝統的な教えとは異なり、「ただ念仏しかない」という教えだったからです。しかも、「ただ念仏」によってのみ救われるということは、誰かがそのように理解したというのではなく、それが「かの仏願に順ずるがゆえに」（同前）と説かれていますように、阿弥陀仏の願われた願いに順う道理だからなのです。

法然上人は、やがて比叡山から下りられ、京都の吉水において、貧富・貴賤を問わず、濁った世を生きなければならない人びと、真の仏教を求める人びとに、「専修念仏」（専ら念仏を修める）の教えを弘められたのでした。この法然上人に出遇われ、その教えをまっすぐに受け取られたのが親鸞聖人だったのです。

専修念仏の教えが広まるにつれて、権威を失うことを恐れた比叡山や奈良の伝統仏教からの攻撃が強まり、同じく権威を守ろうとした朝廷によって念仏は弾圧されることになりました。法然上人の門人の四人は死罪に処せられ、法然上人は四国の土佐（高知県）に、親鸞聖人は越後（新潟県）に流罪となられたのでした。

法然上人は、四年あまり後に赦免（しゃめん）されて京都に戻られましたが、ほどなく、念仏のうちに八十年のご生涯を閉じられたのでした。

善悪の凡夫人

法然上人は、人が、次々に襲ってくる悩みや悲しみから、どのようにして解き放たれるのか、その道を真正面から学ぼうとされたのでした。

そのために、お若いころから、比叡山で、天台宗の修行や学問に励まれたのでした。そして、まれに見る逸材（いつざい）として、比叡山の誰からも一目も二目も置かれるようになっておられたのでした。比叡山ばかりではなく、南都（奈良）の法相宗をはじめ、諸宗の宗義の研鑽にも努められたのでした。

　これらの修養によって、法然上人は、当時、日本に伝わっていた仏教の教義の最も深いところを究められたわけです。このことを、親鸞聖人は「正信偈」に「本師源空明仏教」（本師・源空は、仏教に明らかにして）と詠っておられるのだと思います。つまり、当時の仏教の教義に精通しておられたということです。

　しかし、それにもかかわらず、法然上人は、それらの学びからは、心から喜べる人生の答えを見出されなかったのです。そこで、諸宗の教義から離れて、直接、釈尊のみ教えのなかに答えを探し求められたのでした。このため、上人は、釈尊の教説である膨大なお経と、それらのお経に対する先人たちの解釈などを精力的に学ばれたのでした。この意味でも、親鸞聖人は、法然上人のことを「明仏教」（仏教に明らかにして）と讃えておられるのだと思います。諸宗教の一つである「仏教」ではなくして、釈迦牟尼仏の教えの全体を解明されたということです。

このような経過のなかで、前に述べました通り、法然上人は『仏説観無量寿経』と、善導大師による、その注釈である『観経疏』に出遇われたのです。善導大師が『仏説観無量寿経』の教説から受け取られた「ただ念仏して」という教えこそが、釈尊のご本意であることを、法然上人はお気づきになられたのです。

この劇的な出来事を契機に、上人は、ご自身が「専修念仏」の道を歩まれるとともに、世の貧富・貴賤・老若・男女・善悪の人びとに、一心にもっぱら阿弥陀仏の名号を称える念仏を勧められたのです。その勧化（かんけ）を受けた多くの人びとのなかに、実は、親鸞聖人がおられたのです。

「正信偈」には、「憐愍善悪凡夫人」（善悪の凡夫人を憐愍（れんみん）せしむ）と述べられていますが、「凡夫」とは、普通の人ということで、真実に目覚められた仏以外の、どこにでもいる人のことです。法然上人は、善悪にかかわらず、真実に目覚めることができていないすべての凡夫を憐（あわ）れまれたのです。しかし上人は、ご自分以外の凡夫を憐れに思われたということではないでしょう。

阿弥陀仏の本願が、善悪にかかわらず、悩み多いすべての凡夫を憐れんで発(おこ)されている慈愛であること、そして凡夫は、本願に素直に順うしかないことを説き示されたのが、釈尊の慈愛であることを、法然上人はまた明らかにされたのです。

ここには、悪の凡夫も、善の凡夫も、ともに区別なく見られていることに、注意を向ける必要があると思われます。悪の凡夫は、自分が起こす欲望に自分が支配されて、法律を犯し、道徳に背き、仏が説き示された真実をないがしろにしているのです。善とされる凡夫は、現実には、法律は犯していないかもしれません。また道徳に背く行いはしていないかもしれません。しかし、わずかばかりの自重の努力をもとにして、知らず知らずのうちに、その果報(かほう)を要求します。また、他人を見下して、みずからの優越を誇っているのです。これも、仏の真実をないがしろにしているのです。

善であろうと、悪であろうと、どちらにしても、愚かで悲しい存在であるのが凡夫なのです。そのように愚かで悲しい存在である凡夫のあり方に、法然上人は、ご自身の姿を見ておられたのではないでしょうか。

凡夫は、どこまでも憐れむべき存在であり、そのような凡夫であるからこそ、摂（おさ）め取って捨てられることがない阿弥陀仏の本願が一方的に差し向けられていることを、法然上人は強く受けとめられたのです。自棄になる他はないような絶望のなかで思い知らされる歓喜を、身をもって教えておられるのではないでしょうか。

真宗ノ教証興ス二片州ニ一

選択本願弘ム二悪世ニ一

読み方

しんしゅうきょうしょうこうへんしゅう

せんじゃくほんがんぐあくせ

書下し

真宗(しんしゅう)の教証(きょうしょう)、片州(へんしゅう)に興(おこ)す。
選択(せんじゃく)本願(ほんがん)、悪世(あくせ)に弘(ひろ)む。

意訳

真宗の教えと証(さとり)を片隅の国、日本に興された。
選択本願の念仏をこの悪世に弘められた。

真　宗

親鸞聖人は、続いて法然上人の徳を讃えておられます。

法然上人こそが、「真宗」の教えと、その教えによって得られる結果とを、この日本の国で、初めて誰にもわかるように明らかにしてくださった、と讃えておられるのです。

「真宗」という言い方は、たとえば「真宗大谷派」などというように、仏教のなかの一つの宗派の名前として用いられることが多いと思います。それはそれで間違いではないのですが、ここでは、宗派の名前のことではありません。「真」は「まこと」と読みます。また「宗」は「むね」と読みます。したがって、「真宗」は「まことのむね」ということになるのです。私たちが日ごろ親しんでいる「真宗宗歌（しゅうか）」に、「まことの　みむね　いただかん」という一節がありますが、その「まことのみむね」がここに詠われている「真宗」なのです。「真宗宗歌」は、「真宗をいただきましょう」と詠っているのです。

「真」は、真実ということです。「宗」は、最も中心になること、肝心要のことをいいます。したがって、「真宗」は、仏教、つまり釈尊の教えの全体のなかで、たった一つの真実であり、肝心要である、ということを意味しているのです。

釈尊の教えの肝心要ということとは、人が日常の生活をする時の肝心要であるということを意味します。なぜならば、釈尊は、「人はなぜ悩まなければならないのか」「人はどうして悲しまなければならないのか」と、人の日常のありさまを問い続けられ、その答えに目覚められ、そして、その答えを人類に教えられたからです。このため、「真宗」は、人類の日常にとって、最も重要な教えということになるのです。

親鸞聖人は、『浄土和讃』に、「念仏成仏これ真宗」（真宗聖典485頁）と詠っておられます。「真宗」という言葉は、すでに中国の唐の時代、善導大師の『散善義』（『観経疏』のうちの一帖）や法照禅師の『五会法事讃』に用いられている言葉でもあります（真宗聖典191頁）。

「成仏」は、仏（目覚めた人）に成ることです。したがって、念仏によって真実に目覚めさせていただくこと、それが「真宗」である、ということです。もう少し言葉を補うならば、本願による念仏をいただくということが、人生の最重要課題である、という意味になると思います。

「教証」は、「教・行・証」を短く表したものです。「教」は、教法（きょうぼう）ということですが、ここでは、釈尊が『仏説無量寿経』にお説きになられた「阿弥陀仏の本願」の教えです。一切の人びとを漏（も）れなく救いたいと願っておられる阿弥陀仏の願いについての教えです。

「行」は、修行・実践ということですが、ここでは、一切を救うために阿弥陀仏が施し与えておられる「念仏」です。その他力の念仏を素直に受け取ること、それが、たった一つの「行」である、ということです。

そして「証」は、「教」にもとづく「行」によって生ずる結果です。もとは、厳しい修行によって得られる「さとり」を意味する言葉ですが、浄土の教えでは、他力の念仏による「往生」という意味に受けとめられています。

「片州」は、片隅（かたすみ）の国ということで、それは、この日本の国のことです。仏教が興ったインド、その仏教が大きく発展した中国、これらの国々からすれば、日本は、片隅の国なのです。

ところが、仏教の「まことのみむね」が明らかにされたのは、仏教の発祥の地でもなく、発展の地でもない、むしろ、世界の片隅である日本においてであった、というわけです。そして、それを明らかにしてくださったのが、他ならぬ、法然上人であったといっておられるのです。

法然上人は、仏教の、そして私たちの生活の、「まことのみむね」、つまり「真宗」を、この片隅の国に興してくださったのだと、どうしてそれが言えるのかといえば、それは、法然上人に至って、ようやく、阿弥陀仏が選び取られた願い、すなわち、往生するはずのない人を往生させたいと願われた本願を、この悪い世に弘めてくださったことによるのです。

選択(せんじゃく)本願

親鸞聖人は、「真宗教証興片州」（真宗の教証、片州に興す）と述べ、法然上人こそが、この世界の片隅である日本の国に、「真宗」の「教え」と、その教えの結果である「証」とを興隆させてくださった、と喜んでおられるのです。

それでは、その「真宗の教証」とは何であるかといえば、それが、次の句にある「選択本願」ということなのです。つまり「阿弥陀仏が選び取られた願い」ということです。

浄土の教えの根本となるお経は『仏説無量寿経』です。「仏が無量寿についてお説きになられたお経」です。「仏」は釈尊のこと、「無量寿」は阿弥陀仏のことですから、このお経は「釈尊が阿弥陀仏についてお説きになられたお経」なのです。

この『仏説無量寿経』に、「選択本願」のことが説かれています。

すでに「依経段」のところでも見てまいりましたが、阿弥陀仏が仏に成られる前、法蔵という名の菩薩であられた時、世自在王仏という仏のみもとで教えを受けておられました。そこで、法蔵菩薩は、人類すべてを救うための浄土を開きたいという大きな願いを発されたのです。そして、そのような浄土を実現するための教えを師の世自在王仏に請い求められたのです。

世自在王仏は、法蔵菩薩のこの深い願いにお応えになって、何と二百十億もの仏さまがたの浄土のありさまと、それらの浄土に生きる人びとの様子をお示しになったのです。法蔵菩薩は、これら二百十億の諸仏の浄土の様子をくわしく見せていただいた上で、「無上殊勝の願」と説かれていますように、この上にない、殊のほか勝れた願いを発されたのです。他の仏さまがたの浄土とは違った、特別な浄土を実現したいという願いであったのです（真宗聖典14頁）。これが選び取られた願い、すなわち「選択本願」なのです。

殊のほか勝れた願いというのは、真実に無知であり、教えに背を向けている凡夫、いわば、どうにもならない凡夫をこそ迎え入れる浄土を実現したいという願いであったのです。

法蔵菩薩は、仏に成ろうとしておられましたが、もし、この願いが成就しないのであれば、自分は仏には成らないという誓いを立てられたのです。ところが、その法蔵菩薩が、阿弥陀仏に成られたのです。ということは、どういうことになるでしょうか。法蔵菩薩の願われた願い、つまり、往生するはずのない人を往生させたいと願われた「本願」が、すでに実現しているということなのです。

たすかるはずのない人をたすけたいと願われた「本願」、それが「選択本願」なのです。そしてまた、それが、仏教の「真宗」（まことのみむね）なのです。「選択本願弘悪世」（選択本願、悪世に弘む）と詠われていますように、法然上人は、この「選択本願」の教え、つまり「阿弥陀仏によって選び取られている願い」が現にはたらいていることを、この悪世に弘めてくださったのです。

「悪世」は、私たちが生きているこの世界のことです。『仏説阿弥陀経』には、これを「五濁悪世」（真宗聖典133頁）と教えられています。劫濁・見濁・煩悩濁・衆生濁・命濁という、五つもの濁りがある、ひどい世の中ということです。親鸞聖人は、「正信偈」では、「五濁悪時」としておられますが（真宗聖典204頁）、私たちが生きているこの世間は「五濁悪世」であり、私たちが生きているこの時代は「五濁悪時」なのです。

法然上人は、『選択本願念仏集』という書物を著されました。そして、阿弥陀仏の本願という他力によって私たちに「念仏」が与えられていること、そしてこの「念仏」を、五濁悪世に生きる私たちが、率直に受け取ること、それが「選択本願」に順うことであることを教えておられるのです。

この教えを親鸞聖人は深く喜んでおられるのです。

還(カヘルコトハ)二来生死輪転(ノ)家(ニ)一

決(スルニ)以(テ)二疑情(ヲ)一為(ス)二所止(ト)一

読み方

げんらいしょうじりんでんげ

けっちぎじょういしょし

書下し

生死輪転の家に還来ることは、
決するに疑情をもって所止とす。

意訳

迷いに流転する家に立ち戻ってしまうのは、
間違いなく、疑いの心を依り処とするからである。

す。法然上人は、私たちの人生の重大な誤りは、何によって起こるかを教えておられるのです。

疑いの心

親鸞聖人は、法然上人のお言葉にもとづいて、その教えを讃えておられます。「生死（しょうじ）」は、生きることと死ぬこと、という意味ではありません。仏教用語の「生死」は、「迷っている状態」という意味です。人は、日ごろ、目先の出来事に気を取られて、かけがえのない人生の最も大切なことを見失っていきます。つまり、真実を見失っているのです。真実を見失ったまま生きているということは、迷っているということなのです。しかも、迷っていることにも気づかずに、迷ったまま生きていますから、さらに次々と迷いを重ねるのです。幾重にも重なる深い迷いのなかを転がり回ることになりますが、これを「正信偈」では「生死輪転（りんでん）」といっておられるのです。

まるで、人が故郷の家を懐（なつ）かしむかのように、私たちは、「生死」（迷いの状態）が自分の帰るべき所であるかのように錯覚して、すぐに迷いに立ち戻ってしまうのです。「還来」は、「還り来る」と読みます。もとの所に戻ることです。この二文字を親鸞聖人は「かえる」と読んでおられるのです。

「生死に輪転する」というのは、迷いの状態にあるということですから、真実を見失い、道理にしたがっていないのです。道理にしたがわず、道理に逆らっていますから、それが、悩み苦しみの原因になるのです。悩み苦しみからの本当の解放を教えるのが仏教なのですが、私たちは、目の前の快適さに気を奪われて、愚かにも「生死」を頼りにしてしまうのです。このため、表面的な、形ばかりの安楽に酔い痴れて、結果として苦悩に苦悩を重ねることになるのです。

どうして、生死に輪転して苦悩を重ねることになるのか、それについて親鸞聖人は、それは、「疑情」、つまり「疑う心」に止まっているからだと教えておられます。つまり、人が苦悩を背負うのは、よく修行に励んだかどうかの問題ではないのです。人の資質や能力の問題では決してないのです。その人の生い立ちや実績の問題でもないのです。人が「生死」から離れることができず、悩みに悩みを重ねなければならないのは、仏の教えを疑うからだと教えておられるのです。

釈尊は、私たちのために『仏説無量寿経』をお説きになって、阿弥陀仏が、苦悩する人びとをすべて本当の安楽に導きたいと願っておられるのだから、その阿弥陀仏の本願におまかせしなさいと教えておられます。ところが、私たちはその教えを疑うのです。

それでは、どうして疑う心が生ずるのでしょうか。それは、教えに触れるに先立って、自分が心に懐いている思いを重視しているからです。仏の教えよりも、自分の考えを尊重しているからです。自分が思っていることと事実とは、まったく関係はないはずなのですが、自分はそれなりにわかっていると思っていますから、自分を信用するのです。実は、愚かであるのに、愚かだとは思っていないのです。それほどまでに凡夫は愚かなのです。

自分の考えを無条件に信用して、それを確保したままで教えに接しますと、教えを素直に受け取れなくなったり、また、自分の考えと教えとの間に食い違いが起こったりします。食い違いが起こった時には、自分の方を信用しますから、教えは信用できなくなるのです。それが「疑い」なのです。「信」の反対語が「疑」なのです。

法然上人は、『選択本願念仏集』に、「当(まさ)に知るべし。生死の家には疑いを以(もっ)て所止(しょし)と為(な)し、涅槃の城には信を以て能入(のうにゅう)と為す」と述べておられます。このお言葉の前半の「生死の家には疑いを以て所止と為し」という部分を、親鸞聖人は、今回の二行にして述べておられるわけです。そして、後半の部分をこの次の二行で説明しておられるのです。

ただ、法然上人が「当に知るべし」（このことは知っておくべきだ）といっておられますところを、親鸞聖人は「決するに」（間違いないことだ）といっておられます。師の教えを大切に受け取られたお気持ちが伝わるように思われるのです。

速ヤカニ入ルコトハ二寂静無為ノ楽ミヤコニ一

必ス以テ二信心ヲ一為ストイヘリ二能入ト一

読み方

そくにゅうじゃくじょうむいらく

ひっちしんじんいのうにゅう

書下し

速(すみ)やかに寂静(じゃくじょう)無為(むい)の楽(みやこ)に入(い)ることは、
必(かなら)ず信心(しんじん)をもって能入(のうにゅう)とす、といえり。

意訳

速やかに静かな涅槃の安楽にいたるのは、
必ず疑わない信心によるのだ、と教えられた。

信ずる心

親鸞聖人は、引き続いて、さらに、法然上人のお言葉を取りあげられて、その教えを讃えておられます。

どうすれば、生死に流転するという苦悩から離れて、本当の安楽にいたることができるのか、そのことを、「速入寂静無為楽　必以信心為能入」（速やかに寂静無為の楽に入ることは、必ず信心をもって能入とす、といえり）と述べてあるのです。

「といえり」というのは、「法然上人が仰せになった」ということです。本当の安楽の境地には、疑いのない信心によって、必ず速やかに入ることができるのだ、と法然上人は教えておられる、ということです。

ここにいわれています「寂静」も「無為」も、いずれも「涅槃」という言葉と同じ意味の言葉です。「涅槃」は、インドの「ニルヴァーナ」という言葉の発音を漢字に写し取って表記したものです。

人が悩んだり苦しんだりするのは、自我へのこだわりや、飽(あ)くことのない欲望など、さまざまな煩悩が原因であるとされています。その煩悩から離れて、もはや煩悩に乱されなくなった静寂な境地が「涅槃」なのです。このため「涅槃」は「寂静」と訳されるのです。また、煩悩を離れた、まったく静かな「涅槃」の境地は、凡夫が日ごろ為していること、また為し得ることをはるかに超えた世界であることから、「無為」と訳されているのです。

「寂静無為の楽」といわれていますが、それは、自我へのこだわりなどを離れた、「寂静」であり「無為」である「涅槃」こそが、本当の安楽である、ということです。私たちは、「苦」の反対が「楽」であると思いがちですが、釈尊は、そのような「楽」は、次の「苦」の原因となるだけであって、本当の安楽は、私たちが感ずる「苦」と「楽」を超えた静けさであると教えておられるのです。私たちが思う「苦」も「楽」も、「一切は皆(みな)苦なり」と教えられ、その苦の解決を「涅槃は寂静なり」と教えられているのです。

親鸞聖人は、「寂静無為の楽（らく）」を「寂静無為の楽（みやこ）」と読んでおられますが、それは、法然上人が『選択本願念仏集』に「涅槃の城には信を以て能入と為す」と述べておられることによると思われます。「涅槃の城」に対して、「寂静無為の楽（みやこ）」つまり「涅槃の楽（みやこ）」としておられるのです。

また、中国では、古くから洛陽（らくよう）という都市が、永らく都城として栄えてきました。都である洛陽の「洛」と、涅槃である安楽の「楽」とは、発音が共通していますので、安楽と洛陽を重ね合わせて、「楽（みやこ）」と読んでおられるのであろうかと考えられるのです。

前の句では「疑情をもって所止とす」とありましたが、今の句では「信心をもって能入とす」となっています。この二句が対照となっているのです。「疑情」の反対が「信心」です。真実よりも、自我を優先させることによって、真実を疑う情が生じますが、その疑いの情がないことが、信の心なのです。

また、「所止」と「能入」が対照です。「所」は受身を表す文字で、「所止」は、止めさせられる、という意味になります。「能」は能動を表す文字でありましして、「能入」は、入って行くことができる、という意味になるのです。「疑いの心によって、迷いの苦の繰り返しのなかに止めさせられ」、「信心によって、本当の安楽に入ることができる」という関係が述べてあるわけです。

弘経大士宗師等ノ

拯（ショウ）済（ニ）無辺ノ極濁悪（ヲ）（シタマフ）

読み方

ぐきょうだいじしゅうしとう

じょうさいむへんごくじょくあく

書下し

弘経(ぐきょう)の大士(だいじ)・宗師(しゅうし)等(とう)、
無辺(むへん)の極濁悪(ごくじょくあく)を拯済(じょうさい)したまう。

意訳

『仏説無量寿経』の教えを弘められた菩薩や祖師がたは、
限りない濁りきった悪世を救済してくださった。

七人の高僧がた

これから、「依釈段」の最後の四句について学ぶことになりますが、この四句は、「依釈段」の「結び」になる部分であり、同時に、「正信偈」全体の「結び」でもあるわけです。

まず、「弘経大士宗師等　拯済無辺極濁悪」（弘経の大士・宗師等、無辺の極濁悪を拯済したまう）とあります。「弘経の大士・宗師等」というのは、「お経を世に弘めてくださった高僧がた」ということです。

そのお経とは、『仏説無量寿経』のことなのです。これは「釈尊が無量寿仏（阿弥陀仏）についてお説きになられたお経」ということです。

「大士」は、「菩薩」（ボーディ・サットヴァ・マハー・サットヴァ）というインドの言葉の中国語訳で、ここでは、龍樹大士と天親菩薩のお二人を指します。この二菩薩は、すべての人びとを救いたいと願われた釈尊のお心を最も深く汲み取られた方々なのです。

「宗師」は、「真宗の祖師」ということで、中国の曇鸞大師・道綽禅師・善導大師の三人の方々と、日本の源信僧都・源空（法然）上人のお二人のことを指しています。釈尊の教えの「真の宗」を誤りなく伝えてくださった祖師がたなのです。

この七人の高僧がたこそが、釈尊がお説きになられた、阿弥陀仏の本願の教えを世に弘められ、後の時代にまでそれを正しく伝えてくださったのであることを、親鸞聖人は讃えておられるのです。

そして、「無辺の極濁悪を拯済したまう」と述べておられます通り、これら七高僧のお一人お一人が、間違いのない本願の教えを伝えようとしてくださったのは、極めて濁りきった悪世に生きて苦しまなければならない、数限りない人びとを拯いとり、本当の安楽に済らせようとしてくださったためであると、聖人は感嘆しておられるのです。

そもそも、お経というものは、釈尊のお言葉を文字にしたものです。しかし、数あるお経から、釈尊が真に願われた、そのお心を、その通りに読み取ることは、容易なことではありません。人は、悲しいことに、自分に都合よく理解できる範囲のことしか、理解しないからです。

七高僧は、お経を弘められた方々でありましたが、龍樹・天親の二菩薩は、釈尊のご真意を深く汲み取られたのでした。そして、曇鸞・道綽・善導・源信・源空の宗師がたは、二菩薩の教えに沿ってお経の本意を誤りなく読み解かれたのでした。

これを受けて、親鸞聖人は、『教行信証』「教巻」の冒頭に、「それ、真実の教を顕さば、すなわち『大無量寿経』これなり」（真宗聖典152頁）と述べておられます通り、『大無量寿経』、つまり『仏説無量寿経』こそが、釈尊の教えの真実を顕しているお経であると明言するにいたっておられるのです。

道俗時衆共(ニ)同心(ニ)

唯可(ヘシト)レ信(ス)ニ斯(ノ)高僧(ノ)説(ヲ)一

読み方

どうぞくじしゅうぐどうしん

ゆいかしんしこうそうせ

書下し

道俗時衆、共に同心に、ただこの高僧の説を信ずべし、と。

意訳

いつの世の出家も在家も、共に心を合わせて、ただ、ひたすらにこれらの高僧がたの教えを信ずるべきである。

共に心を同じくして

釈尊がお説きになられた『仏説無量寿経』の真実を、七高僧が誤りなく親鸞聖人のところに伝えられたということ、それは、何を意味するかといいますと、釈尊と七高僧が、親鸞聖人を通して、「極濁悪（ごくじょくあく）」である私たちを阿弥陀仏の本願に目覚めさせようとしてくださったということなのです。

そのことを私たちは、「弘経の大士・宗師等、無辺の極濁悪を拯済したまう」（弘経大士宗師等　拯済無辺極濁悪）という二句からうかがうことができると思うのです。

そのために、親鸞聖人は、この句に続けて、「道俗時衆共同心　唯可信斯高僧説」（道俗時衆、共に同心に、ただこの高僧の説を信ずべし）と述べておられるのです。

「道俗」は、「僧侶と僧侶でない人」ということです。つまり「僧侶であろうと、僧侶でなかろうと」ということです。阿弥陀仏の願いが向けられている人びとであり、共に本願による念仏をいただくすべての人びとのことです。親鸞聖人は、この「道俗」のことを別に「御同朋」（真宗聖典639頁）、「御同行」（真宗聖典608頁）と呼んでおられます。次の「時衆」というのは、「その時々の人びと」ということですから、親鸞聖人の時代の人びとはもちろん、今の私たちをも含んでいるわけです。

「共同心」（共に同心に）ということは、すべての人びとが、互いにあれこれと思いをめぐらせるのではなく、心を一つにするということです。親鸞聖人は、ここで、互いに心を一つにするべきであると教えておられるのですが、それは、親鸞聖人ご自身と同じ心になってほしいと、私たちに願ってくださっているお言葉としてお聞きすることができると思うのです。

その親鸞聖人が私たちに「ただこの高僧の説を信ずべし」と教えておられます。これは、他の人びととの教えではなくて、ただただ七高僧の教えを信ずるべきであると教えておられるのです。しかしそれは、七高僧が、並外れて勝れた方々だからということだけではないと思います。何よりも、この高僧がたは、阿弥陀仏の本願の通りに生きられた方々だからなのです。

この高僧がたの教えによって、親鸞聖人は、ご自身が、本願の念仏に出遇うためにこの世に生まれてこられたことを身をもって体感されたのではないでしょうか。そして、他力の信心に生きる喜びを教えてもらわれたのではないでしょうか。そのようなご自分と同じようになってほしいと、親鸞聖人は私たちに願ってくださっているのではないでしょうか。

「高僧の説を信ずべし」といわれていますが、それは、七高僧の教えを鵜呑みにするということではないでしょう。親鸞聖人がそうであられたように、この私が、自分が邪見憍慢の悪衆生であることをつくづくと思い知らされるときに、何かが始まると思われるのです。

その私に対して、すでにして、何とかして救いたいという本願が向けられているという事実があります。そして、その事実に気づいた感動が、誤った方向に向かわないように教えてくださったのが七高僧ですから、七高僧の教えを素直に受け取られた親鸞聖人と同じようになってほしいと、私は願われているのだと思うのです。

まとめ

これまでに、「正信偈」の各句の教えについて、一通りのことを見ていただきました。最後に、その全体について少し整理してみたいと思います。

「正信偈」は、くわしくは「正信念仏偈」（正しく念仏を信ずる偈）といわれます。全部で百二十句からなる偈文ですが、古くから、これを三つの段落に分けて学ばれてきました。

その第一の段落は、「総讃（帰敬）」と呼ばれている段落で、「帰命無量寿如来　南無不可思議光」の二句がこれに当たります。この二句は、どちらも「南無阿弥陀仏」というお名号を別のお言葉で表されたもので、ここには、正しく念仏を信ずるということは、どのようなことであるのか、親鸞聖人が、その教えを述べられるに先立って、まず、阿弥陀如来への帰依信順のお心を表明しておられるのです。

第二の段落は「依経段」です。『仏説無量寿経』（釈尊が阿弥陀仏についてお説きになられたお経）に依って述べてある段落です。この「依経段」は、さらに細かく三つの部分に分けて見られています。

最初の部分は「弥陀章」といいまして、三句目の「法蔵菩薩因位時」から「必至滅度願成就」までの十八句です。ここには、お経にもとづいて、阿弥陀仏と、阿弥陀仏の本願のいわれについて述べておられるのです。

第二の部分は「釈迦章」といわれていますが、二十一句目の「如来所以興出世」から「是人名分陀利華」までの二十句です。ここには、釈尊がこの世間にお出ましになられた意味と、『仏説無量寿経』に説かれてある釈尊のみ教えに接する私たちの心構えが教えてあります。

第三の部分は「結誡」で、「依経段」の結びにあたる部分です。四十一句目の「弥陀仏本願念仏」から「難中之難無過斯」までの四句です。ここには、私のような邪見憍慢の悪衆生にとっては、阿弥陀仏の本願によって与えられている念仏を、信じて持つことは、甚だ困難なことであると誡めておられるのです。世の中には、困難なことがさまざまあるけれども、念仏を正しく信じて持つことは、困難なことのなかの困難で、これ以上の困難なことはないと、親鸞聖人は、言い切っておられるのです。まさに私にとっては、絶望するしかない誡めです。

ところが、その後が重要なのです。つまり、第三の段落の「依釈段」です。「依釈段」は、七人の高僧による、本願の念仏についての解釈が示されている段落です。ここには、インドの龍樹大士、天親菩薩、中国の曇鸞大師、道綽禅師、善導大師、日本の源信僧都、源空（法然）上人、この七人の高僧がたが、どのようなことを教えてくださっているのか、それをくわしく述べておられます。（この段落もさらに細かく九つの部分に分けられますが、詳細は省略させていただきます）。

邪見憍慢といわれますように、身勝手に自我を尊重して思い上がっている私にとっては、本願によって、私の思いを超えて私に与えられている念仏を、素直に信じて持つことは、絶望的に困難なことであると、まず指摘されてありました。

だからこそ、そのような私のために、インド・中国・日本に、七人の高僧が出てきてくださって、「顕大聖興世正意」（大聖興世の正意を顕し）とありますように、釈尊がこの世間にお出ましになられた正しくそのお心を顕かにしてくださっているのです。そして、「明如来本誓応機」（如来の本誓、機に応ずることを明かす）とありますように、何としても救ってやりたいと願ってくださる阿弥陀如来の誓願が、そのような私だからこそ、私にふさわしく、私のためであることを、七高僧は明らかにしてくださっているのです。

最後のところに「弘経大士宗師等　拯済無辺極濁悪」（弘経の大士、宗師等、無辺の極濁悪を拯済したまう）とありますが、釈尊が説かれたお経の教えを弘められた龍樹・天親の二菩薩と、真の宗を明らかにしてくださった祖師がたは、どうしようもない極濁悪の私を救おうとしてくださっているのだから、「唯可信斯高僧説」（ただこの高僧の説を信ずべし）として、親鸞聖人は、ただただ、これら七高僧の教えに素直に順うしかないと、私に勧めてくださっているのです。

あとがきにかえて

親鸞聖人がお作りになられた「正信偈」について、一通り学んでまいりました。聖人が精魂こめてお作りになられた百二十句の、一句一句について、無謀といえば無謀なことでありましたが、私の了解の及ぶ限りのことどもを申し述べさせていただきました。

宗派の真宗同朋会の機関紙『同朋新聞』に連載中、多くの方々から、数々のお励ましの言葉をいただきました。感謝のほかはありません。しかし一方では、自分の力のなさを恥じ入ることもしばしばでありました。

また、私にはまったく思いもかけないところで、思いもかけない人びとが、この連載を熱心に読んでくださっていることを知らせてくださる方々が何人もおられました。その度ごとに、私は、「正信偈」に対する関心の広さと深さを強く感じさせられたのでありました。何よりも、親鸞聖人が「正信偈」によってお育てになられた、信心の伝統の重厚さを深く感じさせていただいたのでありました。

何人かの方から、ご批判・ご質問をいただきました。いずれも同じ趣旨のお手紙をいただいたのでありました。申しわけないことでしたが、その一々についてお応えできませんでしたので、この場をお借りして、思うところを申しあげたいと思います。

いただいたご批判・ご質問は、「成等覚証大涅槃」（等覚を成り、大涅槃を証することは）（真宗聖典204頁）という句についてでありました。

その「等覚」について、私は、これを、人類を救済することを目的とされた「仏の覚り」であると説明しました。「仏の覚り」は「阿耨多羅三藐三菩提」と呼ばれます。「阿耨多羅三藐三菩提」はインドの言葉の音写語ですが、これが「無上正等正覚」と漢訳されてきたのです。それでこの「無上正等正覚」の簡略化した表現が「等覚」であると説明したのでありました。

これに対して、「等覚」を「仏の覚り」とするのは誤りで、「菩薩の覚り」の境地であって、「等覚位」のことであるというご指摘があったのです。初発心(しょほっしん)の菩薩が、菩薩行を重ねることによって、仏の境地に向かって上ってゆかれるのに、下から上に向かって、十信・十住・十行・十回向・十地・等覚・妙覚(みょうがく)の五十二の階程があるとされています。その第五十一番目が「等覚」という階位で、「正信偈」には、その菩薩の階位のことがいわれているのであるというご指摘でありました。これまでに、先人が「正信偈」について述べられたものにも、「等覚」を「菩薩道」として解説されているものが確かにあります。けれども、「菩薩道」というのは、基本的には「難行道(なんぎょうどう)」であります。親鸞聖人は、「仏道」に迎え入れられる凡夫の「易行道(いぎょうどう)」を教えておられると思います。「菩薩道」を成就するかどうかが問題なのではなく、『浄土和讃』に「念仏成仏これ真宗」（真宗聖典485頁）と教えておられます通り、念仏によって成仏するかどうかが問題なのではないでしょうか。

また、『仏説無量寿経』の異訳である『無量寿如来会(むりょうじゅにょらいえ)』の第十一願の願文には、「若(も)し我(われ)成仏せんに、国中の有情(うじょう)、若し決定(けつじょう)して等正覚を成り、大涅槃を証せずんば、菩提を取らじ」と説かれています。親鸞聖人は、この願文を念頭においておられるのではないかと思われるのです。

さらに、『正像末和讃』に「念仏往生の願により　等正覚にいたるひと　すなわち弥勒におなじくて　大般涅槃をさとるべし」とあり、続いて「真実信心うるゆえに　すなわち定聚にいりぬれば　補処の弥勒におなじくて　無上覚をさとるなり」（真宗聖典502～503頁）と詠っておられる例にも着目することができると思うのです。

「正信偈」には、阿弥陀如来の大悲の恩徳を深く謝しておられる聖人のお心がよく表されていると思います。しかし、大悲をいただきながらも、なお自我を確保して、自我を優先させようとしている凡夫の身の悲しみを指摘しておられます。そしてその上で、そのような邪見憍慢を糺そうとしてくださっている釈尊と七高僧の恩徳を深く謝しておられるのです。

この連載に携わることによって、私は、親鸞聖人のお心に触れ得たとはとても申せませんが、私なりに、親鸞聖人の恩徳を感じさせていただくことがあったと思います。それと同時に、親鸞聖人のように、如来大悲の恩徳、師主知識の恩徳を謝する日々を過ごせるように、「正信偈」に法をお聞きしてゆきたいと願う思いがつのったように思います。そして、「お正信偈」といって大切にしていた祖父たちの気持ちをありがたく思えるようになりました。

感謝いたします。

古田　和弘

「正信偈」の構成

1　総讃（帰敬）　阿弥陀仏を讃え聖人の信心を明らかにされた部分

帰命無量寿如来～

2　依経段　『仏説無量寿経』に依って述べられた部分

2-1　弥陀章　阿弥陀如来について述べられた部分

法蔵菩薩因位時～

2-2　釈迦章　釈尊の教えについて述べられた部分

如来所以興出世～

2-3　結誡　「依経段」の結び

弥陀仏本願念仏～

3　依釈段　念仏の教えについての七高僧の解釈を讃えられた部分

3-1　総讃　全体的に讃えられた言葉

印度西天之論家～

3-2　龍樹章　インドの龍樹大士（一五〇?～二五〇?）を讃えられた部分

釈迦如来楞伽山～

3-3　天親章　インドの天親菩薩（四〇〇？～四八〇？）を讃えられた部分
天親菩薩造論説～

3-4　曇鸞章　中国の曇鸞大師（四七六～五四二）を讃えられた部分
本師曇鸞梁天子～

3-5　道綽章　中国の道綽禅師（五六二～六四五）を讃えられた部分
道綽決聖道難証～

3-6　善導章　中国の善導大師（六一三～六八一）を讃えられた部分
善導独明仏正意～

3-7　源信章　日本の源信和尚（九四二～一〇一七）を讃えられた部分
源信広開一代教～

3-8　源空章　日本の源空（法然）上人（一一三三～一二一二）を讃えられた部分
本師源空明仏教～

3-9　結勧「依釈段」の結び
弘経大士宗師等～

※通し番号は、「正信偈」の構成をわかりやすくするために、本書において独自に付したものです。

古田　和弘（ふるた　かずひろ）

1935（昭和10）年、京都府に生まれる。
大谷大学教授を経て、現在、大谷大学名誉教授・九州大谷短期大学名誉学長。専攻は仏教学。著書に『宗祖親鸞聖人に遇う』『涅槃経の教え―「わたし」とは何か―』『現在を生きる仏教入門』（東本願寺出版）ほか。

親鸞（しんらん）の「いのちの歌（うた）」**正信偈入門**（しょうしんげにゅうもん）

2021（令和３）年３月28日　第１刷発行
2022（令和４）年１月28日　第２刷発行

著　　者　古田和弘
発 行 者　木越　渉
編集発行　東本願寺出版（真宗大谷派宗務所出版部）
〒600-8505　京都市下京区烏丸通七条上る
TEL　075-371-9189（販売）
075-371-5099（編集）
FAX　075-371-9211
印刷・製本　中村印刷株式会社
装　　幀　株式会社 188

ISBN978-4-8341-0628-2　C0115